マッキンゼーで25年にわたって
膨大な仕事をしてわかった

いい努力

Hirokazu Yamanashi
山梨広一

ダイヤモンド社

Introduction

その努力は「いい努力」か「悪い努力」か？

努力には、「いい努力」と「そうでない努力」がある。

まずはこの点を理解することから本書を始めたいと思う。

一般に、「努力することはいいことだ」と思われている。

もちろん、努力をしないよりはしたほうがいい。仕事でも学びでもトレーニングでも、一定の努力は必要不可欠だ。それでも、「努力をすればいい」と思った瞬間、大事な点を見失ってしまう。問題は、労力やかけた時間ではなく、努力の質にある。


「いい努力」か「そうでない努力」かという質の部分を意識しなければ、次のような誤解が起こる。

「遅くまで残業してギリギリまで粘って取り組まないのは、努力不足だ」

「1分、1時間でも長く時間をかければ、よりよい仕事になるはずだ。それを突き詰めるのは立派なことだ」

自分はそんなふうには考えていない、と思う方も少なくないだろう。

だが、私がコンサルタントとして見てきた多くの企業で、実際、優秀なビジネスマンがこのような発想に捕《と》らわれて生産性の低い仕事を長時間行っている姿があった。こうした場合、発想と視点を変えるだけで、飛躍的に仕事の質が変わることも少なくなかった。

頭ではおかしいとわかっていても、現場に根づいた不合理な考え方が、意外と個々人の仕事に影響してしまっているものなのだ。

では、そもそも何が「いい努力」で、何が「そうでない努力」、すなわち「悪い努力」なのか。

それを徹底的に洗い出すこと、そしてどうすれば努力の質を上げられるか、というのが本書のテーマだ。

同じ時間と労力をかけるのであれば、すべて「いい努力」に転換したほうがいい。

だが「いい努力」は何となくできるものではない。つねに行動の質を自覚し続けないことには、「とにかく時間をかける」「がむしゃらに頑張る」というパターンに戻ってしまう。無意識のうちに時間を費やしてしまっている「悪い努力」を排除して、時間と自らの能力を最大限に生かすための働き方をつくっていこう。

そのためにまずは、「いい努力」とはどんなものかを知ることから始める必要がある。「いい努力」とは何か、整理すると7つのポイントがあげられる。

①「成果」につながるもの

3年間、雨の日も風の日も、手塩にかけてリンゴの木を育てたが、一つも実らなかった——。これは「いい努力」ではない。

「いい努力」とは、その努力をした結果、成果が出るもの。リンゴの木を育てるなら、リンゴを実らせるのがいい努力だ。

「水まきが大切だ」といって1日10回水をまいても、それで根が腐ってしまったら「いい努力」とはならない。何もしないほうがまし、となる。もっと厳しく言えば、ほんの数個しか実らない場合も、労力と時間に見合わない「悪い努力」である。

②「目的」が明確なもの

成果とは結果であり、すぐに出るものではない。何をすれば成果につながるか、100%はわからないのが当たり前だ。その状態で努力をするのだから、大切なのは一番先に目的を意識し、明確にすることだ。これはすなわち、目指す成果がどんなものであるかを明確にすることでもある。

つまり「いい努力」とは、目的が明確なものだ。「自分は何のために努力をするのか？」と、つねに考える必要がある。

ビジネスの場合、長期的な目的と短期的な目的が入り混じっていることが多い。だが、人には結果を急ぐ心理があり、〝目の前の目的〟に照準を合わせやすい。だから重要度にかかわらず、短期的な成果の追求に目が行ってしまうことが多い。

最終的な目的への意識が曖昧《あいまい》なまま目先の目的だけに気を取られて走っていると、やがて「悪い努力」にぶれていくことになる。「日本一のリンゴ農家になる」という目的のはずが、短期的に結果が出やすいからといって大量の化学肥料で土を痩《や》せさせたりしたら、本当の目的からは遠ざかることになる。目的を見誤った努力は「悪い努力」だ。

③「時間軸」を的確に意識しているもの

目的がはっきりしていても、「いつまでに」が漠然としていたら意味がない。

「5年後に県内ナンバーワンのリンゴ農家になる」ことが目的か、「来年、リンゴを100個つくる」ことが目的かで、努力のやり方は変わってくる。目的を達成する時間軸を的確に捉えていない努力は「いい努力」とは言えないだろう。

④「生産性」が高いもの

「成果が出ることは出るが、そのためには膨大な時間と労力を要する」という努力も、決して「いい努力」とは言えない。同じ成果を導けるのであれば、かかる時間やコストは小さいほうが望ましい。より短い時間と小さな労力で高い成果を出せるほうが、よりいい努力と言える。

ただし、これは効率至上主義を勧めるものではない。効率と生産性は似て非なるものだ。生まれる成果が同じものであれば「効率＝生産性」となるが、思考や創造力がかかわる仕事の場合、効率を追求しすぎると、成果の質が落ち、結果として生産性が低くなりがちだ。

⑤「充実感」を伴うもの

「いい努力」をしている最中は、フラストレーションや挫折感《ざせつかん》を感じることが少ない。逆に言うと、「悪い努力」の場合、やってもムダなことをしたり、本当は必要のない障害を乗り越えるためにエネルギーを費やしたり、進んでいった道が行き止まりで戻るはめになったりするので、ある程度精神力のある人でもネガティブな感情が生じてしまう。

「いい努力」には、余計な動きが少ない。ムダなことに振り回されることなく、手応えを感じながら進んでいる状態になる。

「いい感じで働いているな」

「仕事の中身が濃くなってきたな」

このように、まだ成果が見えていない段階でも、高揚感、充実感が生まれてくる。「いい努力」をすればするほど充実して意欲が増し、いっそう「いい努力」ができるようになる。

⑥「成功パターン」が得られるもの

「いい努力」を続けていると、「高い成果を出すには、このパターンの努力がいい」ということが、自然にわかってくる。

野球にたとえると、ヒットが出る・出ないは確実には予測できないことだが、コーチに教わって「肘《ひじ》を締めて打ったほうがヒットになる確率が高い」という成功パターンがわかれば、そのフォームを磨くことによって成果を出す確率を高められる。経験から「腰を落として打ったほうがヒットする確率が高い」という成功パターンもわかってくれば、成果を出せる確率はさらに高まるだろう。

「いい努力」をすればするほど、その蓄積によってたくさんの成功パターンを会得《えとく》でき、さらにいい努力ができるようになっていく。自分自身の経験のほかに、うまくいっている人から学んで真似ることによって成功パターンを増やしていくことも必要だ。

⑦「成長」を伴うもの

生産性が高く、高い成果が出るというだけで十分に「いい努力」であるが、「いい努力」のあとには、「成長」といううれしい副産物がついてくる。

明確な目的に向かって、期限を意識し、生産性を高める「いい努力」をすれば、自分自身もまわりの環境も進化、成長する。「いい努力」をする人は、試行錯誤しながら成果に結びつくパターンをつかんでいけるし、まわりの環境がその人の働きかけによって変わっていく。成長した人が進化した環境で働けば、次はさらに高い成果を出すことができる。

1年間でリンゴを5万個つくるパターンをつかんだ人が、そのパターンを使ってさらに「いい努力」をすれば、翌年には7万個生産できるようになっていくという話である。

以上、7ポイントの「いい努力」の定義を、しっかり押さえたうえで、本題に入っていこう。

私はマッキンゼーで25年間コンサルタントとして働き、うち20年間をパートナーとして多様な企業の経営者のアドバイザーを務めてきた。

その後イオングループでグループ横断的な経営課題の抽出と、それに対する解決策の立案・実行を推進する役割を担ってきた。もちろん、どんな課題も自分一人で解決することはできない。同僚である役員たちとの協働やチームを組成して取り組むことが不可欠であるし、経営トップとの協議も非常に重要な要素となっている。

本書は、私のこうした二十数年間の経験に基づくものだ。自分自身の失敗や成長、先輩や同僚の姿、後輩たちの育成、仕事をともにした優れた経営者やリーダーたちから学んだことなどを土台に、自分自身の信念として芽生え育ってきた考えをまとめてみた。

あらゆる組織において、個人としての「いい努力」とチームとしての「いい努力」は大きな価値を生み出すものだと信じている。


成果を出すことが目的であれば、成果につながらない資料をつくったり会議をしたりするのは時間のムダだ。社内手続きや上司の思惑など、最終的なゴール以外のことに対して多大な時間と神経を使うのは「悪い努力」となる。

個人や社内の自己満足に終わり、お客さんを喜ばせなければ、成果は出ない。成果が出なければ株主も喜ばないし、社員の充実感や成長に結びつかない。

では、一人ひとりが成果を出し、ひいては組織全体のパフォーマンスを上げていく「いい努力」とは何か？

成果が出ない不毛な頑張りを強いたり、「なんでこんな遠回りをしなければならないのか」と優秀な人の意欲を下げたり、組織を機能不全に陥《おちい》らせたりする「悪い努力」とはどのようなものか？

本書で私なりの解答を提示したい。

Contents

マッキンゼーで
25年にわたって
膨大な仕事を
してわかった
いい努力

第1章 努力の質を変える
仕事に「いい流れ」をつくるルール

◀ マインドセットの「壁」を破る

◀ 環境の「壁」を破る

第2章

いい努力を生み出す思考法

「次の行動」をクリアにする考え方

◀目的と課題

第3章

いい努力につながる時間術

早く動いて「努力の効果」を最大化する

第4章 いい努力を進化させる

自分を「成長」させ続ける行動法

第5章 人と一緒にいい努力をする

「最も大きな成果」を生み出す仕事術

◀ チームの基本

第1章

努力の質を変える

仕事に「いい流れ」をつくるルール

1 マインドセットの「壁」を破る

つねに現状からの「変化」を目指す

悪い努力＝つねに「否定」から入る

「山梨さんはいつも否定から入るよね」

マッキンゼーに入って3年目か4年目だったと思う。コンサルタントとして消費財関係の仕事を始めたころ、親しい先輩にこう言われた。とても反省したし、拙著『プロヴォカティブ・シンキング』（東洋経済新報社）でも言及したくらい印象に残っている。

言い訳をするわけではないが、これは私に限った話ではない。その後、コンサルタントとして仕事をしていく中でも、否定から入るタイプの人に少なからず出会ってきた。とくに大企業の管理部門のスタッフなどには、こうしたタイプの人は多い。

たとえば大手メーカーの本社スタッフに、支社の現場から新たな提案が入るとする。

「この課題ですけど、こういう新しいやり方で解決できるんじゃないでしょうか」

すると本社側の第一声は「でも」だ。そのあと、過去のデータや事例を根拠とする「できない理由」が続く。

こうなってしまう原因は三つある。

一つは、「上から目線」。

人は提案を受けて判断する立場に立つと、悪気はなくても知らず知らずのうちに、傲慢《ごうまん》になってしまう。ずっと同じ本社部門にいるなどつねにそうした立場にいると、上から目線と視野の狭さがセットになることも少なくない。

すると「うちの会社はずっとこうしてきたから」「あえてそんなこと、わが社がやる必要がある？」という発言が出てくるようになる。

もう一つは、「耳年増《みみどしま》」になっていること。

管理部門などで前例や過去のデータに精通し、さまざまなトライアンドエラーの結果を知っていると、「提案に対するダメな理由」をいくらでも述べられるようになる。いつしか頭でっかちになり、やる前から「結果はわかっている」という感覚になってしまう。

最後の一つは最も深刻なもので、「減点主義」。

現場の営業であれば「いくら売った」が明確にわかるし、工場であれば「生産性を○○％向上させた」「何千万円のコストダウンを果たした」などが数字に表れるし、製品開発は「こんな製品を開発した」と仕事がかたちに残る。

だが会社には、プラスにしろマイナスにしろ成果が数字など目に見えるかたちとして見えにくい部署もある。

そうした仕事では、失敗ばかりが目立ってしまう。

一〇の仕事をして九つうまくいってもその成果は目に見えず、たった一つの失敗が問題になるとしたら、リスクに対して神経質になってしまうのは当然だろう。

すると彼らは、新しい仕事に対して、「できない理由」を挙げることに気持ちと時間と頭を使うようになる。習慣と慣れによって、そんな仕事の仕方が定着していく。

なぜその提案は難しいか。どんなリスクがあるのか。なぜ効果がないのか……。チャレンジを退ける発想ばかりどんどん出てくるようになる。

たしかに、何もやらなければマイナスには決してならない。「マイナスになる提案を退けてゼロにしたのだからプラスだ」という理屈もある。だが、それでもゼロはゼロだ。乱暴な言い方だが、否定から入っていては、生産性は永遠にゼロになる。

業種を問わず、個人を問わず、中堅やベテランになるにつれて、「否定病」にかかる確率は高くなっていく。それも、優秀で真面目な人ほど失敗を恐れるために、症状は重くなる。

「否定病」の一番の予防策は、「努力とは成果を出すためにある」と肝に銘じることだ。マイナスを出す可能性があろうと怖がらずに挑戦する。

最終的にはプラスになるよう努力するのが、私たちが参加しているビジネスというゲームのルールだ。「成果はゼロでも赤字じゃない」という考え方は、このゲームには適さないのだと腹をくくろう。

また、会社側は、優秀な人材を企画部門のスタッフに固定しがちだが、「否定病」を防ぐには、彼らを同じセクションにあまり長くとどめないような人事を考えるべきだ。

思考は筋肉に似たところがあり、同じことを繰り返すと癖がつく。

プロ野球の選手は、オフのゴルフでは左打ちの人があえて右打ちをしたり、シーズン中とは反対のバッターボックスに入ってスイングしたりして矯正《きょうせい》する。

ビジネスマンも意識的に新しい仕事に取り組んだり、ふだんとは違ったプロジェクトチームに参加したりすることで、身についた習性を柔軟にできる。

大切なのは、面倒がらないことだ。

「いつもとは違うこと」をやるのはつねに面倒だ。だが、「新しいことにチャレンジするのは面倒くさい」「例外を検討するのは面倒くさい」となってしまったら、個人も組織も、そこで成長が止まってしまう。

世の中の状況はつねに変わり、顧客も競争相手も変わっていく。自分が成長しなければ、みんなが走っている中で一人取り残されてしまうことになる。つまり、成長が止まるというのは現状維持ではなく、ずるずるとマイナスに滑り落ちていくことなのだ。

2 マインドセットの「壁」を破る

「環境×意志×性格」を最大化する

悪い努力 = 与えられた環境に甘んじて努力する

あらゆる物事にはセットアップ、つまり周囲の状況や段取りなどの設定が大切であり、いい努力もそれは同じだ。

そして、「いい努力のセットアップ＝環境×意志×性格」となる。

まずは環境を整えよう。「いい努力」、つまり質の高い努力を皆でしていこうという意識を共有できているのが理想的な環境である。

だが、あなたがオーナー経営者や絶対的なワンマンリーダーでもない限り、あなたが考える「いい努力」を組織全体で共有することは至難《しなん》の業《わざ》かもしれない。

「何事も時間をかけるほどいい」と信じ込んでおり、しかもそれで成功した経験をもつ上司はどの会社にもいるものだ。

それに対して部下の立場からは、「こういうやり方だと時間ばかりかかるのでは」といったことは正論でも言いにくい。言っても理解してもらえないどころか、逆効果になることも多いだろう。

そこで、セットアップにはあなた自身の意志が重要になる。

環境の良さのレベルが仮に「1」しかなくても、「成果につながるいい努力をしたい」という意志が「1」しかないのか「5」あるのかで、いい努力をどこまで実現できるのかがずいぶん違ってくる。

また、意志は強くても、人に合わせるタイプの性格なのか、反対されても自分の意志をつらぬく強い性格なのかでも変わってくる。

たとえば「環境1×意志2×性格5」という数式だと、セットアップは「10」。

環境が5と恵まれていても、「環境5×意志1×性格1」というケースもある。

大切なのは「ベター・ザン・ナッシング」の精神。いい努力をするセットアップは、ゼロよりも1、1よりも2のほうがいい。環境的には最悪で、協調的な性格を自覚しているのなら、せめて意志だけは強くもつべきだ。

1も2も変わらないのではなく、1より2のほうが断然いい。このように発想を切り替えるのも、セットアップの重要な要素と言える。

3 マインドセットの「壁」を破る

「時間＝努力」の錯覚から抜け出す

悪い努力＝「残業＝努力」と思い込んで働く

いい努力をする準備として、時間の使い方を変えよう。

やり方はいろいろあるが、まずは「時間＝努力」と錯覚していないか、いま一度意識し直してほしい。

いまはずいぶん状況が変わっているが、私が入社したころのマッキンゼーの日本オフィスは、長時間労働が常習化していた。欧米のオフィスから「なぜ日本はそんなに夜遅くまで働くのか」と不思議がられていたほどだ。

日本の長時間労働の理由はいろいろとある。たとえば、ビジネスマンは朝から晩まで猛烈に働くという高度経済成長時代のライフスタイルの名残《なごり》。あるいは、通勤時間が長いので、「早めに帰宅してもプライベートを楽しむほどの時間は取れないから、仕事をしていたほうがまし」という生活環境の影響もある。

私自身がマッキンゼーの仲間たちと議論していた、当時の日本オフィスの長時間労働の主な要因は二つあった。

一つは、「日本企業はどうやってやるか（Ｈｏｗ）まで詰めないと意思決定しないので、詰め切るべき事項が大量にあり、必然的にクライアントもコンサルタントも長時間労働にならざるを得ない」というもの。

二つ目は、「時間によるコミットメント」。当時は、高いお金を払ってコンサルティングを頼むのは、多くの日本企業にとってめったにないことだった。当然多くのクライアントメンバーは休む間を削って頑張っていた。それに対してコンサルタントも、「夜中までやる」「徹底的に時間をかける」というかたちでコミットメントを示さないと、クライアントの信頼を得られないケースも多かった。

前者は経営スタイルの違いでもあり、一概に悪いことではないが、後者の「長時間働くことが重要」という意識は日本企業に根強く染み込んだ、悪しきマインドセット（心構え）だ。

いまや残業すること自体には意味がないという話は浸透しているようでいて、日本の企業人には「時間＝努力」の錯覚が意外と根強く残っている。

徹夜で資料を仕上げたあとや残業したあとに、「ああ、頑張った」と感じる人は、いま一度、「時間＝努力」と錯覚していないか考えてみてほしい。

4
マインドセットの「壁」を破る

仕事がはみだしても時間を切る

悪い努力＝とにかく終わるまで働く

いい努力を妨《さまた》げる「壁」は簡単に壊せるものではない。だが、自分で悪い努力を捨てる方法はたくさんある。いい努力をする準備として、できることから着手しよう。

いちばん手っ取り早いのは、時間を切ること。マッキンゼー時代に大先輩から学び、後輩に伝えたアドバイスは、とにかく「お尻を決める」ことだ。

「どんなに仕事が残っていても、20時になったら帰る」
「やるべきことが山積みでも、土日は仕事をしない」

先に終了時間を決めてしまい、それに合わせて動くのだ。

仕事内容にかかわらず、まず時間を切ると、最初のうちは仕事がはみだす。仕事が終わらないまま中途半端に残ってしまう。

やりかけの仕事を残して会社を出ると、不安になるだろう。土日に休んだり遊んだりしていても、「あの仕事、放っておいたらまずいな」と気にかかるだろう。だが、ぐっと我慢して、断固として時間を切る。肝心なのはここからで、「限られた時間で、どうやったら仕事を終えられるようになるだろう？」と真剣に考えるようになる。

人は効率化したほうがいいと頭では理解していても、なかなかやり方を変えられない。「工夫して早く帰りましょう」というのは美しいスローガンだが、それだけ言われてもなかなか実現しない。それは、働き方を変えるよりも、何時間か多く働くほうがある意味ラクだからだ。

遠方へのドライブの帰りに高速道路の大渋滞にはまってしまったケースを考えてみよう。仕事で工夫して早く帰るのは、大渋滞の中でナビや地図を駆使して、土地勘の乏しいところでも何とか抜け道の組み合わせを探し出して、少しでも早く帰宅するのと同じことだ。調べたり考えたりしながらベストの抜け道にたどりつくよりも、高速に乗ったままタラタラ運転していたほうがラクではあるが、当然ながら時間はかかる。

だが現実に制約をつくってしまえば、工夫はスローガンでなく「必然」になる。「とにかく帰宅」を目的にするのではなく、「あと何時間で家に帰る」を目的にすれば、抜け道の組み合わせを考え出さざるを得なくなる。こういう制約があって初めて、いい努力をする姿勢が生まれるのだ。

5 マインドセットの「壁」を破る

「残業＝機会損失」と考える

悪い努力＝つねに細部まで100点を目指す

「毎日、やれるだけやれ」という〝時間至上主義者〟は一定数いる。マッキンゼーの若手パートナーだったとき、先輩OBの中に、「眠る時間を削り、夜中まで残業し、休日も休まずに考えれば、それだけいい答えが出る。限界まで時間をかけろ」と言う人がいた。

その先輩が若手のトレーニングでそのような訓示をするのをオブザーバーとして聞いていた私と同僚は、「それはあなたの考え方でしょう。私にとっては、そのような働き方は他の貴重なことを経験する時間を犠牲にする機会損失であり、長い目で見たら個人の成長にも将来の仕事にもマイナスになると思う」と公然と議論を仕掛けたものだ。

その気持ちは、ずいぶん経ったいまも変わらない。一つのことにひたすら時間をかけると、他のことについては機会損失になる。何かに時間を使えば、当然ながらその時間に他のことをする〝機会〟は失われるのだ。誰でも1日は24時間しかないという当たり前すぎるほど当たり前の話を、私たちはときどき忘れてしまう。

——1か月後に重要な企画を提案する仕事に取り組んでいるので、毎日夜中まで残業して、より多くの情報を分析したり、細部にわたるまですべての可能性を検討する。

——1か月間の検討にメリハリをつけ、重要な情報と大きな課題にフォーカスし、早く帰れる日は、新しい企画の仕込みをしたりこれまで知らなかった分野の人と会ったり、学生時代の友人との食事を楽しんだりする。

どちらが「いい努力」かと言えば、それは後者だというのが私の考えだ。

毎日3～4時間残業することで検討結果の質が数十%も向上するのであれば、それは立派な努力だが、実際には毎日の長時間勤務の多くの時間が、本質には関係のない細部について悩んだり、結局提案には役立たなかった情報収集や資料作成に費やされていることが実態だと思う。それならば、焦点を絞った働き方で、空いた時間を他のことに使うほうが、最終的には大きな成果や目覚ましい成長につながる。新しい分野の情報収集、勉強、ネットワークづくり、プライベートな食事や飲み会、趣味、運動など、空いた時間でやることには事欠かないはずだ。友人との食事会を通じて、面白い人脈ができるかもしれない。仕事の会食で使える店が開拓できるかもしれない。ただ帰って寝るだけでも、疲れが取れて生産性が上がるだろう。翌日、頭が冴えて新たな発想が生まれるかもしれない。

これは残業に限った話ではない。目の前の課題だけに集中し、ありったけの時間を注《つ》ぎ込むという「悪い努力」はきっぱりやめよう。別の機会に時間を配分する意識を持とう。

6 マインドセットの「壁」を破る

「自分の仕事」を定義する

悪い努力＝目の前の仕事に没頭する

自分の仕事を定義すること。これは、いい努力をするために不可欠の準備だ。

一見当たり前のことのように感じられるかもしれないが、じつはこれができていないケースが多い。これを意識的に行うことが、いい努力を促進する大きな源になる。

残念な話だが、いい努力を妨げる壁はたくさんある。この壁にぶち当たると、跳ね返されたボールが跳ねるように方向が変わり、悪い努力に向かってしまう。

だからこそ、壁に当たって方向が変わっても軌道修正ができるように、自分の仕事を定義しておくことが大切なのだ。

1週間に一度、5分間で充分だ。次の二つを定義する習慣を持とう。

- **自分は「何の目的」でこの仕事をしているのか？**
- **この仕事での「自分の役割」は何か？**

以上のことを異なる期間ごとに考えてみても、見えてくることがたくさんある。

「一生」というスパンで考えたときと、「この1年」というスパンで考えたときとでは、「何の目的でこの仕事をしているのか？」という問いへの答えは変わってくる。この1か月、この1週間でも変わってくるだろう。

短期の目的は見えやすいので、「この1週間は、『来週のプレゼンのため』に資料を作成している」といったことはすぐわかる。

だが、3か月、1年、3年、10年というスパンで考えたとき、いまのその仕事は自分にとってどんな位置づけなのかということを意識している人はあまりいない。

同じことでも長期的な目標を見据えれば、「どこに時間をかけるべきか」「どういうスキルを身につけていくべきか」が見えてきて、取り組み方が変わってくる。

また、会社での自分の役割は担当業務や参加するプロジェクトなどによって違ってくるし、社歴でも立場でも変わる。その変化に気づかずに同じような努力をしていると、成果にも評価にも成長にもつながりにくくなるだろう。

仕事の目的や自分の役割を考えるときは、上司の意向の確認も重要だ。疑問に思うポイントがあれば率直に聞くべきだ。

7 マインドセットの「壁」を破る

「高い目標」を設定する

悪い努力＝「できそうなこと」に終始する

自分の仕事を見つめ直すにあたっては、明確な目標を設定することも大切だ。目標を設定するには、二つのステップで考えるといい。

ステップ1は、「何を達成したいのか」。

たとえば、「ブランドを差別化させる製品を生み出す」、あるいは「新プロジェクトが生み出す事業アイデアを将来の事業の柱として育てる」「お客さまからダントツの支持を得る」といったことだ。

ステップ2は、「どんな水準で達成したいのか」。

「ブランドを差別化させる製品を生みたい」と考えた時点では、どのくらい差別化させたいのかという水準のことはまだ考えられていない。特定の競合ブランドとの差別化ができればいいのか、この分野で真っ先に名前が挙がるブランドにしたいのか。

「新プロジェクトが生み出す事業アイデアを事業の柱にする」というのは、自社の利益の何割を占めるようにしたいのか、あるいは売上○○億円を目指すのか。

「お客さまからダントツの支持を得る」というのは、10人中5人が選ぶ会社にしたいのか、シェア何%くらいを目指すのか、日本でナンバーワンの売上にしたいのか。

数字、順位、知名度など、できる限り具体的な水準を設定する必要がある。

水準が明確でない目標は達成しにくい。「ダントツの支持って、どういうことだ?」となったら個人としても行動できないし、チームでもまとまって動きが取れない。なんとかスタートしても進捗《しんちょく》を計る指標が曖昧なので、手応えがなく、モチベーションが上がらない。一方、目標を具体的にすれば、はっきりとしたゴールが見えるのでそれに近づいていくプロセスが楽しくなり、やる気につながる。

また、水準を設定するときに気をつけるべきは、人は知らず知らずのうちに、「どういうことなら達成できるか」という着想から低い目標を設定してしまいがちだということだ。

だが、水準はできるだけ高く設定すべきだ。目標は高く設定すればするほど、発想を広げざるを得なくなるので、ユニークな考えが出てきてイノベーションにつながりやすい。高い目標を設定しない限り、いつまでもマイナーチェンジを繰り返すことになり、大きな変化を生み出すことができない。とくに「改善でなく改革を目指す」という大きな変化が欲しいとき、高い水準は自分やチームにとって大胆な変化への強制力になってくれる。

8　環境の「壁」を破る

「上司」の壁を見きわめる

悪い努力＝〝壁上司〟にペースを振り回される

自分の準備が整ったからといって、それだけでいい努力ができるとは限らない。本章の冒頭で述べた通り、「いい努力のセットアップ＝環境×意志×性格」である。

では、具体的に何がいい努力の壁となるのかを押さえておこう。どの壁に対してどこまで対処するのか、あるいはどこまで妥協《だきょう》するのか。ただ壁にぶつかって遠回りさせられたり振り回されてフラストレーションをためるのではなく、自分の心構えを一度整理してみてほしい。

環境面におけるいい努力の第一の「壁」は上司だ。

組織で働いている以上、仕事の目的や条件を定義し、メンバーに伝えるのがリーダーの役割だ。だが「その仕事の最終目的は何か」や「どこまで経営資源を使っていいのか」といったことについて明言しない上司は多い。こんな上司は、いい努力の障壁となりがちだ。

目的や境界条件を明示しない上司には二通りある。

タイプその一は、何も考えずに丸投げする上司。これは説明するまでもない、最悪の壁だ。

タイプその二は、責任を取りたがらない上司。上司にもまた上司がいる。だから課長が部下に対して「この仕事の目的はこれで、条件はこれ」と明示した場合、それが部長とズレていたら困る。自分の責任問題になるのが怖いのだ。

こうしたリスク回避型の上司には、いくつかバリエーションがある。

たとえば、「自分の仕事は社内の手続きを滞りなくやること」と心の中で定義している上司。大企業病を患った組織に多く見られるタイプで、必ずしも悪い上司とまではいえないが、成果を出すことを最重要視していないので、部下がいい努力をする際の壁になりがちだ。

また、「完璧主義」の上司も、リスク回避型だ。

彼らはどんな小さな穴も我慢できないので、重要度にかかわらずすべてに完璧を求める。ちょっとした社内資料についても「まだここが詰まっていない」「この情報が足りない」などと妙なディテールにこだわる。リーダーは組織やチームがどうすれば最大の成果をあげられるか方向性を示して、できるだけ効果が高い仕事に全体のリソースを振り分けるべきだ。「なんでも完璧にする」というだけでは、部下たちの壁になってしまう。

9 環境の「壁」を破る

「レバレッジ」で組織の壁を越える

悪い努力＝自分や自部門だけで頑張る

環境面におけるいい努力の第二の壁は「組織の風土やクセ」だ。これにはいろいろなケースがある。代表例が、横の議論や横の相互活用ができない「縦割り組織」だ。

縦割りにもいろいろあり、部門間で情報が流れない縦割りもあれば、仕事の担当や管轄《かんかつ》がきっちり決まっていて横同士が協力し合えない縦割りもある。

縦だろうが横だろうが、組織の一方向だけで事足りるケースは少ない。部署Aと部署Bの両方を絡めてやったほうがうまくいくケースはたくさんあるだろう。

2011年3月の東日本大震災のあとに復興庁ができたのも、既存の省庁が縦割り組織でうまく相互機能できなかったためだ。これは〝お役所〟に限った話ではない。

「自分のチームの力でなんとかします」

「隣の部が困っているのはわかるけれど、自分たちが動く必要はない」

こういう組織風土の企業は多いが、じつはこれは大きな損失を生んでいる。

相手を助けないということは、自分も助けてもらえないということだ。どんなに優秀なリーダーがいるどんなに優秀な部門でも、その部門だけで解決できない問題はたくさんある。すべてを個別の部門で解決しようとする組織は、もっと大きな成果をあげるチャンスを見逃している。

別の言い方をすれば、協力をあおげない組織は「レバレッジ」が効いていない。

レバレッジ（leverage）という言葉を財務分野で使う場合、自己資本に加えて他社から借りる資金を活用して事業を展開することを意味する。また、M&Aの際に買収対象の資産を見込んだ借入をしてその会社を買うケースなどにも使われる。「テコの作用」という語源どおり、自己資本より大きな投資が可能になる。

〝leveraging others and being leveraged by others〟とは「仲間をレバレッジし、自分もレバレッジされる」という意味だが、これはマッキンゼーでコンサルタント（社員）からパートナー（役員）、パートナーからシニアパートナーに登用される際の重要な評価ポイントとなっている。人に貸せる能力があるか、人に「力を借りたい」と思わせる実力があるか、人から借りた力を活用して成果を最大化するオープンさがあるかが問われるのだ。

大きな成果をあげるにはレバレッジを活用することが不可欠だ。レバレッジが機能していない組織では努力の生産性が最大化しない。

10 環境の「壁」を破る

「ルーティン化」に陥らない

悪い努力＝「昨対思考」で行動する

環境面の第三の壁は「ルーティン化」。これはルーティンワークが多いということではない。考え方が固定化し、新しい発想ができなくなっている状態のことだ。

ルーティン化している人の典型的な発想は「前年比」だ。

多くの企業は、「昨年対比」でものを考える。予算、売上、利益などについて「昨対5％アップ」「昨対2％ダウン」などの数字でその善し悪しを見極めようとする。これ自体が革新性を阻害する要因となるが、数字だけでなく、これが多くの事柄に行き渡ると、いい努力の大きな「壁」が生じる。

たとえば「今年の株主総会をどうしよう？」というとき、「去年はこうやりました。ですから今年はこの点を変えようと思います」と言う人がいたら要注意。

「今年の株主総会をベストのものにする」という目的に対して、前年の問題点を改善するのがベストの方法と言えるだろうか？　それとも、いまの株価やコーポレートガバナンスを考えて、今年の株主総会のあり方をゼロベースで検討するのがベストへの道だろうか？答えはもう、おわかりだろう。去年との比較ではマイナーチェンジにしかならないし、そもそもマイナーチェンジすら起きないかもしれない。去年をベースとしている以上、発想の大きな飛躍は期待できない。

ルーティン化の理由は、平たく言えば「慣れ」と「ラク」だ。

同じ仕事を何度かしていると「今回もいままでと同じだ」という慣れが出てくる。また、ゼロベースで考えるのは面倒だが、前例に基づいて考えるのはラクだ。

ルーティン化は「無難」を意識したときにも生まれる。間違いをなくすためにいちばん簡単なやり方は「過去にやっていたことならＯＫだ」という前例主義だ。これはリスク回避の方法で、役所や大企業に多く見られる。

毎日、毎週やることをルーティン化すれば効率が上がる。だが、数か月に一度、年に一度のことは、面倒がらずにゼロから考えたほうが大きな成果が生まれ、いい努力となることが多い。

ルーティンとは反復だから、刺激も進化もない。同じことを初めてやる人より10回やっている人のほうがうまくできるから、ベテランが重用される。すると若い人に「いい努力をしよう」という意欲がなくなり、組織としての革新性も活力もますます落ちていく。

11 環境の「壁」を破る

「煩瑣な手続き」の壁を乗り越える

悪い努力＝「プロトコル至上主義」に屈する

社内プロトコル、つまり社内の決まった手続きが多いと、これもいい努力の壁となる。「決裁を仰ぐには、主任と課長と部長のハンコを揃えなければならない」といったフォーマルなものから、「隣の部の本部長に何かを頼む際は、直接声をかけるのではなく、まず自分の部の部長に話を通し、部長からその上司の本部長に頼んで調整してもらい、次に本部長同士で……」という日常的な暗黙の了解まで、組織にはありとあらゆるプロトコルがある。

だが、そんなプロトコルがあればあるほど、努力をどこに向けていいのかわからなくなり、いい努力の壁となる。

大組織の中には一定数、プロトコルや社内の手続きばかりを気にする人がいるものだ。彼らは「そういうものだから」「ずっとそうしてきたから」という手続きをたくさん持っており、変えようと思ってもなんだかんだと言って納得してくれない。

笑い話のようだが、「役員は多忙だから、直接役員室に行かずに秘書を通してアポを取ってから話す」というプロトコルを大切に守ろうとするあまり、部屋の奥に役員の顔が見えていても、秘書が不在で話しかけられない……という組織も見たことがある。

そんなことで起こるタイミングの遅れには弁解の余地はない。そんなことの積み重ねが、多大な機会損失を生んでいるかもしれない。

「大切なのは手続きなのか、それともこの仕事で成果を出すことか？」

考えるまでもなく、答えは後者だ。

自分から声をあげて、組織内の決裁や手続きの仕組みをシンプルに変えられればいちばんいい。それはそう簡単にできることではないだろうが、できることをできる範囲でやることをあきらめてはいけない。

暗黙の了解があまりに不合理だと感じられるのであれば、自分はあえて空気を読まずにプロトコルに従わないという選択肢もあり得る。それは覚悟しだいだ。

「組織が変わらないと自分も変わらない」というのは、半分は正しいが半分は言い訳だ。上が変わらないと変えられないこともあるが、上が変わらなくたってできることもたくさんあるはずだ。

12　環境の「壁」を破る

「評価」の壁を知り、変えていく

悪い努力＝「インターフェイス」重視の評価に準じる

組織における評価の基準が不適切であれば、これもいい努力の壁になり得る。

これは社員にとってはどうしようもないが、経営者にはぜひ考えてほしい問題だ。

会社にはそれぞれ、「こういう人が優秀だ」というイメージがある。会社によって優秀さの定義は意外と一様ではないものだ。

そんな個々の定義にそって社員は働き、上司は部下を評価し、「できる社員、できない社員」という評判も生まれる。

だから、その「優秀」の定義が間違っていると、その組織の生産性は上がらない。正しい評価がなされていなければ、部下は成果と関係のない目的に向けた努力を目指すようになるからだ。

評価が間違っている例としていちばん多いのは、インターフェイスの完成度、つまり仕事や当人の見栄《みば》えで評価するというものだ。「書類がきちんと整っているか」「説明がうまいか」という表面的な印象で評価が決まるのだ。

この傾向が顕著な大企業は少なくないし、成果が数値で表れない間接部門やスタッフ職ではこういう現象が生じやすい。

こうした会社や組織で評価されがちなのは、

「提案自体はそれほどでもないけれど、資料が読みやすい」

「たいした内容はなくても、ハキハキと話し、説明がうまい」

「何をするにしてもソツがなく、感じがいい」

といったタイプだ。

また、彼らのような〝インターフェイス優等生〟タイプは目立つから、まわりもなんとなく彼らの振る舞いに倣《なら》うようになり、間違ったロールモデルが誕生する。

正しい評価ができない上司にとって、インターフェイス優等生の部下はいい部下だ。部下が成果を出せるように指導しない上司、自分が成果を出すための便利な補佐役として部下を使う上司も、インターフェイス優等生の部下を重用する。上司に引き立てられるとますますインターフェイスがよくなり、人事考課も高くなる。

だが、間違った評価で昇進した人がリーダーになると、困ったことになる。正しい判断をしたり、いいアイデアを出したり、問題解決をしたり、部下を指導するという実質的な仕事で成果を出して昇進したわけではないから、いざ自分が責任者になって負荷のかかる仕事を任せられても、なかなか成果を出せないのだ。

こうなるとまわりも本人も、やがて途方に暮れてしまう。これまではなんの問題もなく、上司にも人事にも「任せておけば大丈夫な人」「優秀な部下」と思われてきたのだ。本人にも「自分はできる」という自負があり、エリートと目されていたのに、こうして厳しい現実に直面すると、挫折して腐ってしまう。

インターフェイス優等生タイプが無意味な努力をしてしまう原因は、彼らが姑息《こそく》なアピール上手だとか、ごますり体質だからというわけではない。たんに会社に、成果よりも「整った資料」や「クリアな説明」などのインターフェイスを評価する風土があるからだ。

社員はどうしても会社のニーズに応えようとしてしまう。すると能力がある人もその使い道を間違い、いい努力をしなくなってしまう。

正しい評価は、非常に難しいものだ。私はコンサルタントとして何人かの優れた人事の責任者と仕事をしてきたが、彼らが口を揃えて言う「正しい評価をする方法」は、たった一つ。人を好きになり、個々の人材を一生懸命見ることだ。

人を好きでない人は、人を見る目が育たない。魚の嫌いな人が築地で働いてもいい魚を見極められないし、馬が嫌いな人が競馬場のパドックで馬のコンディションを見抜くことも不可能だろう。

人が好きで、人に関心が高く、人と過ごすことに時間を使う人が評価する側にいれば、いい努力が生まれやすくなる。手続きがうまいか、話し方がうまいか、資料がきれいかではなく、人そのものを見る。

人の上に立つ人にはぜひ心がけてほしいことだ。

13 環境の「壁」を破る

「アンダーコントロール」を増やす

悪い努力＝多くの壁に囲まれて、自由度を失っていく

ここまで、いい努力の壁と、悪い努力のやめ方について述べてきた。

いい努力の壁は何か？　過干渉の上司なのか、社内手続き至上主義の関係部門の責任者なのか、それとも他部門と協力できない縦割り組織なのか？

悪い努力がやめられないのは、「努力＝時間」と信じている社風のせいなのか？　それともなんでもかんでも書類ありきの部門の風潮なのか？

自分の環境のなかで、いい努力の大きな阻害要因になっているのは何か、見極めよう。

自分で考えることで見えてくるものもあるだろうし、一緒に働くメンバーで議論してもいい。皆で議論するときは、悪口大会ではなく、あくまで阻害要因を抽出し、生産性を高めるための前向きな議論に徹する。

また、すぐに「壁を乗り越えよう」とか「阻害要因を根本的に解消しよう」などとは思わないほうがいい。

できることはやり、できないことは「問題がある」と把握《はあく》したうえで放っておく。阻害要因について考えることは、その時点でストップしよう。

組織においてはすべての壁や阻害要因をつぶせるわけではない。

とくにそれが社風だったり上司だったりすれば、問題の解決は困難を極める。そこに挑もうとしたら、「いい努力なんて無理だ」などと暗い結論になってしまうだろう。

いい努力ができる要素が8割あれば最高だが、そんな組織はめったにない。ゼロなら絶望的になるが、それほどひどい組織もやはりないだろう。

与えられた環境のうち、何割かはいい努力ができる要素があると知り、残りは自分の力で増やしていくこと。これが有効かつ現実的な、いい努力の環境づくりだ。

会社が決定した仕事の目的や上司のあり方をコントロールすることはできないが、自分のスケジュールや仕事のやり方はある程度コントロールできる。社風はコントロールできないが、自分の部署の風土はコントロールできるかもしれない。

一日のスケジュール、仕事へのアプローチ、人間関係……少しずつ自分でコントロールできることを増やしていき、〝アンダーコントロール（管理できている状態）の割合〟を上げていこう。

アンダーコントロールになってさえいれば、表面的なスタイルは人それぞれでいい。

たとえば、私が知っているいい努力をする人には、非常に整頓された机の人もいれば散乱した机の人もいる。

「いい努力をするには、机の片づけから！」などという形式的なルールはない。自分でどこに何があるか把握し、コントロール下に置いていれば、片づいていてもぐちゃぐちゃでもいい努力ができる。

非常に生産性の高い仕事をするマッキンゼーの後輩がいる。時間的な余裕を生み出し、複数の趣味を素人の域を超えたレベルで楽しんでいる。精神的な余裕が生まれるので、いっそういい努力ができ、成果が出る。そんな彼のオフィスはめちゃくちゃで、「乱雑」という表現がぴったり当てはまるようだった。

90年代、私がマッキンゼーのロンドンオフィスで働いた際、ロールモデルであったウェールズ人の先輩パートナーも、並外れて優秀だったが、彼のオフィスもひどかった。かなり広い部屋なのに壁沿いにびっしり書類が積み上げられ、片づけ好きの人ならめまいがしそうな部屋なのだ。

彼らはぐちゃぐちゃな部屋でも、何がどこにあり、どう動かしたか、すべて把握していた。おそらく取り出しやすい配置や動線など、彼らなりのルールがあるのだろう。そのルールを崩さない精神的な強さ、自制心もあるに違いない。オフィスは完全に、アンダーコントロールの状態にあった。

アンダーコントロールの割合を増やしていく際にいちばん重要なものは、働き方の自由度を勝ち取ることだ。時間はかかるし、一気にはできない。だが、自由度が大きくなればなるほど、アンダーコントロールの割合が増し、いい努力ができる。

自由度は、自信と他信（他者からの信頼）によって増えていく。

自分に自信があれば「こうしよう」と発言し、行動できる。他人から信頼されれば、「あいつが言うならやらせよう」と任せてもらえる。

それには実績を積んでいく必要がある。実績を積めば自分に自信が持てる。「自分ははっきり言えない性格だから」という人も、実績があれば思い切って行動できるようになるし、まわりにも信頼してもらえる。

逆に言えば、実績がなく不安な人はいい努力はできないし、まわりから信頼してもらえず、自由度がどんどんなくなり、いい努力ができなくなる。

14

行動変革のポイント

遠くの「大きなゴール」を目指す

悪い努力＝目先のものに全力疾走し続ける

あなたは若手コンサルタントで、メーカーA社の販社の業績改善を依頼されたとする。3か月後が最終提案だが、今週金曜日のクライアントミーティング用にレポートをつくらねばならない。月、火、水と必死で残業したが、まだ6割の出来。

今日はもう木曜だ。徹夜も覚悟で仕上げるつもりだったが、風邪を引いたのか体調が悪い。ここは根性とエナジードリンクで乗り切るしかないのか……？

こんなとき、多くの人がやってしまうのが悪い努力。

身体にムチ打って頑張ってしまうのだ。戦略的思考がいつのまにか根性論にすり替わっている典型的な例だ。

だが、ビジネスはプロ野球やJリーグのシーズンと同じで、一発勝負ではない。試合は何試合もあり、全勝はできないのが大前提だ。

「自分はどう今シーズンの優勝を勝ち取るのか」という戦略なしに動いていては、いい努力は決してできない。

「戦略」というとなにやら大仰だが、単純に「何を捨てるか」と考えるといい。戦略とは選択であり、選択とは捨てることだ。

どんな場合にも、仕事のどの部分に注力し、どの部分を捨てるかを選択し、最終的に勝つ戦略を立てなければならない。

個人の働き方においても、経営のような大きな問題においても、「クリティカルなもの（結果に大きな影響を与える重要な要素）の見極めと、それ以外を捨てる判断」をすることがいい努力の要諦《ようてい》である。

仕事において「何を捨てるか」を考える際は、次の2点にフォーカスすべきだ。

①この仕事の目的は何か？

②どれくらいの期間で成果をあげればいいのか？

この際、多くの人はこんな勘違いをする。

①目的＝ミーティング用のレポートづくり

②期間＝今週の金曜日まで

だが、これは目の前の小さなゴールであって、本来の仕事の目的ではない。

①目的＝A社の販社の業績改善
②期間＝3か月間

これが正しい目的と期間だ。たいていのビジネスは、会社として目的を設定し、それを小さな目的に分けて各部門や個人が分担する。

たとえば、「A社の販社の業績改善」という案件をコンサルティング会社が請け負うというケースを考えてみよう。

プロジェクトを「『在庫管理』と『営業マンの行動計画』の改善」に分割し、二つのチームをつくったとする。あなたは「在庫管理改善」チームとして目的に取り組むが、別のチームは「営業マンの行動変革」に取り組むという具合だ。

このプロジェクトが毎週1回、クライアントメンバーも含めて進捗報告のミーティングを持つとしよう。毎週のミーティングで両チームの全メンバーが100点を取ろうとして、そのために全力を傾けるのはいい努力ではない。

今週のミーティングで議論を集中させるべきなのは、同じ在庫管理チームの他のメンバーが担当している定量分析の結果についてであり、あなたが受け持っている調査は現在進行中で、その結果を議論するのは2週間後だとしたら、あなたが努力すべき目標は2週間先にあり、今週のミーティングでは口頭で簡潔に状況共有するだけでいい。

翌週は「営業マンの行動変革チーム」が議論の中心になり、あなたはさらにその翌週に万全を期すのが正しい努力となる。

もちろん、みんなが他人まかせでいては総崩れになるが、あなたの上司なり責任者がトータルで監督してくれている。つねに細部にまで完璧を求める必要はない。

また、「今週金曜日の報告会」自体、目先の小さなゴールであって、最終的なゴールは「3か月後」だ。いま体調が悪いのであれば、無理をせずに、体調不良が翌週まで影響しないようにするほうが賢い。

今週の金曜日が全体の勝負を左右する大切なミーティングなら話は別だが、3か月間に何回かあるミーティングのうちの一つなら、「今回の資料の完成度は60点でよしとしよう」とするのも正しい判断だ。そのほうが、3か月後の最終ゴールに向けてベストを尽くせる確率が高まる。

大切なのは、「どの期間に成果を最大化させるべきか?」を意識することだ。

もう一つちがうプロジェクトの例をあげよう。

3か月のプロジェクト期間で5回の報告会を行うことになったとする。

この際、1回目から5回目まで、すべてを完璧にしようというのは戦略のない努力だ。初回は簡単な進捗報告だけでいいのに、「細部まで完璧にしよう」と徹夜で資料作成に没頭したらそれはムダだ。先に触れた「機会損失」も生んでいる。

初回はお互いの考えを出し合って相互に理解を深め、2回目と3回目は情報共有とオープンな討議を行い、4回目で対応策の方向性を提案・議論して明確化し、5回目での承認・意思決定を目指す……などといった「全体プラン」を構築するとともに、この5回の中でどれが「クリティカルな回」で、どれが「負けてもいい回」なのかを見極める。

この例では、4回目がクリティカルな回に当たるだろうか。そうしてメリハリをつけて、各回に必要な準備をすべきだ。


あなたが若手で、まだチームメンバーの一人であれば、つねに「チームの最終目的は何か」を意識するだけで働き方はずいぶん違ってくる。

他方、もしあなたがリーダーなら、自分でそれを意識できるチームメンバーは少数派かもしれないと認識し、リーダーとして全体像を把握し、メンバーに「捨てていい部分」を指示することが大切な仕事だ。

「我々の目的は金曜のミーティングではなく、3か月後にプロジェクトが成功することだ。しかも成功するかどうかは、君の仕事だけで決まるわけではない。金曜日のレポートが仮に60点でも、すべてがダメになるわけじゃないから休め」

などと、全体の目的と期間をチームで共有し、一人ひとりに指示を与えるのだ。

そのつどそのつどだけの成果を気にするリーダーはこうは言えない。

だが金曜日のミーティングも翌週のミーティングもミスがないようにプレッシャーをかけていると、部下は「ゴール」が見えなくなる。

その結果、一人ひとりが目の前の通過点に必死で取り組み、一生懸命なのに、全体としては成果が出ないという悪循環に陥《おちい》るはめになる。

15 行動変革のポイント

「アウトカム志向」を持つ

悪い努力＝アウトプットに満足する

いい努力の決め手となるのは、「アウトカム志向」が強いかどうかだ。

「この時間、この行動でどんな成果が出るか？」をつねに意識するということだ。いろんなことを調べたり、議論をしたり、足を棒にして営業したりしても、「アウトカム＝成果」が出なければ意味がない。

勘違いしないように気をつけたいのは、ただ、アウトプットを出せばいいわけではないという点だ。

アウトプットとは、つまり「出てきたもの」のことだ。人はそれがどんなものでも、仕事でアウトプットを出せば、「仕事をした！」という感触を得てしまいがちだ。

よく陥りがちなのが、会議やプレゼン、打ち合わせ等のために過剰に詳しい資料をつくってしまうことだ。

資料をつくったときは達成感があるが、結局読んでもらえなかった部分の資料をつくった労力はすべて「悪い努力」となってしまう。

その仕事が本当にアウトカムにつながるかどうかは先にならないとわからないが、少なくともアウトカム志向を持って仕事をすることはできる。そして「この仕事をした結果、どんな変化が起きるか？」と考えながら作業に取り組んでいると、よりよいアウトカムにつながる確率は上がる。

たとえて考えるなら、ロールプレイングゲームのステージが進んでいくようなもので、一つのアウトプットとして武器やアイテムを手に入れていき、その組み合わせによって、最終的に敵を倒すなどのアウトカムにつながる。

もちろん、アウトプットの多さがアウトカムの大きさと比例するわけではない。

数多くアウトプットするのではなく、「アウトカムにつなげるためには、どういうアウトプットを組み合わせていけばいいか？」と逆算で考えながら動いていく必要がある。

アウトカム志向を持ってアウトプットを出すようにしていると、仕事の質とスピードの双方を高めることにつながっていく。

16 行動変革のポイント

「人に頼むことも責任」と考える

悪い努力＝最初から最後まで自分だけでやる

重要な仕事を任される際、上司から「責任を持ってやりなさい」と言われることはよくあるのではないだろうか。

チャレンジを要する仕事に取り組むとき、自ら「私が責任を持ってやります！」と宣言するケースもあるだろう。

こんなとき責任の意味をはき違えて悪い努力にハマってしまう人が多い。これは若手だけでなく、優秀な人でもベテランでもしがちな間違いだが、「責任を持つこと＝自分が全部やること」と思い込んでしまうのだ。

今日からこの定義を書き換えてほしい。

「責任を持ってやる＝責任を持って人も活用する」ことだと。

「仕事を任される」には、責任を持って仕事の全体像を設計し、自分がやる部分と人にやってもらう部分を切り分けることも含まれる。

自分がやるべきところは自身が最大限努力し、人に頼んだほうが効率的にも質的にもよくなるところはきちんと頼み、うまくやってもらえるようにモチベートし、最終的にベストの成果につなげる。これが「責任を持ってやる」ということだ。

ここを理解していないと、全部の仕事を一人で抱え込むはめになる。これでは労働時間が非常に長くなり、「頑張っているな」という印象は与えても、最高の成果にはつながらない。

仮にいい成果が出たとしても、雑用まで含めてなにもかも一人でやっていると、三つの機会損失が起こる。

①人の力を活用してより大きな成果をあげるチャンスがなくなる。
②雑用に時間を取られ、より高度な仕事をするチャンスがなくなる。
③人を動かすという、リーダーに必須のスキルを学ぶチャンスがなくなる。

サッカーでもビジネスでも、えんえんと一人でボールを抱えていて勝てる試合はない。はき違えた責任感は捨てて、テンポよくボールを回そう。

17
行動変革のポイント

まずは「手ぶら」で話をする

悪い努力＝「とりあえず」書類をつくる

「いま進めている仕事について、ちょっとミーティングをしよう」と上司に呼ばれたとする。ミーティングまでには少し時間がある。

こんなとき、とりあえず自分が担当している部分についての資料を、たとえばA４用紙２枚にまとめて持参するという人がいる。一見、用意周到で立派に見えるが、これはいい努力と言えるだろうか？

ミーティングというと反射的にペーパーをつくってしまう。これは多くのビジネスマンが捕らわれている〝呪縛〟だ。

マッキンゼー時代にまわりにいた若いコンサルタントたちも、手ぶらでクライアントや私とのミーティングに現れることは決してなかった。ほぼ全員がなんらかの書類を持ってくる。

だが、「とりあえず」書類をつくるのは時間のムダでしかない。

厳しい言い方をすると、「とりあえずの書類」はアウトプットというより、たんなる紙だ。紙きれをつくるために貴重な時間を費やす、これは悪い努力以外の何ものでもない。

「紙きれ書類」をつくってしまう理由は、「書類イコール仕事」という無意識の刷り込みと「手ぶらイコール準備なし」という先入観だ。「叩き台」「草稿」など、いろいろな表現があるが、時間をかけて書類をつくると、やはり仕事をしたという気になるのだろう。

情報不足も、「紙きれ書類」が生まれる原因となる。

上司とのミーティングの資料でもクライアント用の企画書でも、「とりあえず書類をつくろう」というとき、作成に必要な情報を持たずに作業をはじめてしまう人がいる。「とりあえず、叩き台をつくってみろ」とざっくり命じる上司もいる。

だが上司の意図やミーティングの目的を明確に理解しないまま資料をつくったところで、上司からは「大事な情報が抜けている」「前提を勘違いしている」などと指摘され、やり直すはめになる。そこではじめて部下は目的を理解して資料をつくり直すことになり、「とりあえずの書類」のための時間がすべてムダになる。

会社の風土や、上司と本人のキャラクターにもよるが、情報共有がうまくいっていないと、こうした悪い努力が生まれる。上司は十分に伝えないし、部下は「情報をください」と言えない悪循環が、多くの会社で起きているのではないか。

「とりあえず書類」という悪い努力をやめるポイントは三つある。

一つには、思い切って「ミーティングは手ぶらで」と決めてしまうこと。これまでどれだけ紙きれが多かったかに気づくはずだ。

また、あなたが上司の立場なら、まずはじめに正確な情報を十分に伝える努力をすること。これをやればムダが大いに省ける。

そして、あなたが部下の立場であれば、詳細に確認すること。「何を目的とした資料ですか」「どのポイントを強調すべきでしょうか」と、単刀直入に尋ねるといい。情報量は上司のほうが圧倒的に多いし、「何のために、どういうポイントでまとめたいのか」もまずは上司に聞くべきだ。

膨大な時間をかけて大量の書類をつくった分、高い成果が出るわけではない。

「同じ成果を出すうえで、時間も労力も書類もできる限り短くしよう」と考えることがいい努力につながる。つくるのも読むのも時間がかからず、論旨も明快ないいことずくめの資料となり、資料を十分に活用したミーティングができるはずだ。

18 行動変革のポイント

「考える時間」をつくる

悪い努力＝すべてを「効率」でこなす

「ムダな努力をせずに最大の成果を出す」という話をすると、「いい努力＝効率性」という誤解が生じる。これは大きな誤解なので、しっかりと解いておきたい。

効率は大切だが、効率主義一辺倒に走ると、いい努力から遠ざかってしまう。

効率主義の代表は〝タスクの達人〟タイプだ。スマホや手帳のＴＯ ＤＯリストを駆使し、やったそばからリストを消していく。

彼らは、すべてのことに対して結論も反応も速い。どんな課題に対しても、即座に対応策を決めてしまう。

この手の〝タスクの達人〟は、自分の経験に基づく解決策のパターンをいくつか持っていて、その在庫を素早く活用することが問題解決のアプローチになっている。あたかも「細菌には抗生物質、湿疹《しっしん》にはステロイド」といった具合だ。

しかし、その病気が細菌性に見えてウイルス性であれば抗生物質は効かない。湿疹でも薬に頼らず体質改善をしたほうがいい場合もある。じつは新しい衣類に対するアレルギーが原因だったなど、まったく別のアプローチが必要な場合もある。

病気にたとえてみたが、ビジネスの問題も同じこと。効率的にパッパッと解決できるものもあれば、現状の徹底した分析が必要だったり、これまでにない革新的な案が必要だったりすることもある。

マッキンゼー時代に私自身が痛感したのは、経営者が「なるほど」と思う解を提案するには、効率主義ではダメだということだった。

企業が抱える課題には、「工場の生産性を上げる」という、論理の積み重ねで解にたどりつくものもあれば、「会社の改革」という多面的な熟考を必要とするものもある。思いがけないヒントを別の場所から持ってくるなど新鮮な発想を生むためには、効率を追求するだけではダメなのだ。アウトプットを生まない状態に耐えながらもじっくりと思考する時間を確保しなくてはならない。

コンサルタントに限らない。大きな成果を手にするには豊かな思考力、発想力が求められるが、効率主義に走るとその部分が痩せてしまう。いい努力をしたいなら、効率至上主義の発想からも抜け出す必要がある。

19 行動変革のポイント

つねに「フロントローディング」する

悪い努力＝努力を「後出し」する

「フロントローディング」とは、もともとは「前のほうに負荷をかける」という意味だが、メーカーなどでは、製造工程の最初のほうに時間や労力を大きく投資して、後半に発生しそうな問題を防ぐという手法を指す。

これが多くの仕事においても有効だ。

フロントローディングについて、いくつかのポイントを押さえておこう。

ポイント1：情報共有を最初にする

たとえばある仕事をやるのに今週1週間かかるとすれば、月曜日のうちに上司や部下と話して、必要な情報を得たり共有したりする。人を集める必要がある仕事なら月曜日に人を集める。

ポイント２：大きな方向性を最初に検討する

仕事の初期に方向性を議論したり定めることは、難しいしリスクもともなう、やっかいなことだ。だからこそ、最初の段階でそのことに集中して、大きな方向性を仮にでも設定することも重要なフロントローディングになる。これをすることで、その後の検討作業や議論の生産性がぐっと向上するはずだ。

もちろん、最初に設定した方向性は、その後の検討を通じながら節目節目でそれが正しいか確認していく必要がある。途中で変更すべきだと判断した場合には、潔く躊躇《ちゅうちょ》なく方向転換することをいとわない。一見後戻りするようだが、多くの場合、それまでの検討が使える部分も少なくない。トータルで見ると、初期の方向性の設定は仕事の生産性を向上させることになる。

ポイント３：面倒くさいことを最初にやる

自分にとって負担が大きく、面倒くさいことがあれば、真っ先に手をつける。

「営業所を一か所一か所まわって話を聞くのか。面倒だな」というときは、そこからやる。「細かいデータ分析をしなければならず、億劫《おっくう》だ」というときは、データ分析に真っ先に着手する。精神的、知的に負荷のかかることを、なるべく早めにやってしまおう。

なんとなく避けていて後回しにし、時間がなくなって、「もう全部の営業所には行けない！」とか、「データ分析はやっつけ作業でこなすしかない！」という事態に陥ると、最大の成果を期待できなくなる。

逆に言えば、いちばん負荷がかかることを先にやると、トータルで使う時間は確実に減る。面倒なこと、やりたくないことを早めにやっておくと、あとがぐっと楽になり、余裕をもってアウトプットを確認できるので仕事の質も上がる。

ポイント4：心理的に負担がかかることを最初にやる

誰にでも苦手な人はいる。上司かもしれないし、クライアントかもしれない。そうした人と話を詰めるのは、つい後回しにしてしまいたくなる。

自分にとって難しい人と話すのはプレッシャーをともなうし、説明に労力がかかる。だが、だからこそ、「どこかのタイミングで、苦手な本部長のところに行って話を通さないと進まない」といったときは、できるだけ早いタイミングでその本部長のところに行くべきだ。

「とても厳しいA部長、わりと穏やかなB部長の双方に話を通す」というときは、A部長に先にあたる。

初期段階のほうが動きに自由度が高いから、交渉もしやすくなる。B部長に先に話をつけたことによって制約が生まれ、A部長との交渉がより難しくなる可能性だってあるのだ。

ある部品が予定していた場所にうまくはまらないと、ほかのすべてに影響が出てくるようなものだ。こういう場合、肝心な部品を先にはめてしまうに限る。

B部長のほうが態度が柔軟であれば、先に話を通したA部長が厳しい条件を出してきても対応しやすいだろう。

ポイント5：初期段階で人を巻き込む

ところが、多くの組織では、エンドローディングが行われている。最初は自分一人で小さくスタートし、だんだん人を巻き込んでいき、最後に上に報告するというやり方だ。

起こりがちなのが、コツコツと自分ができることから始めて、「さあ、あとは上司の決裁を得るばかり」という段階で「これは全然ダメだよ」とひっくり返されるパターンだ。要所を確認せずに膨大な資料をつくってしまい、上司に「えっ、こんなことまで詰めてるの？　これ、いらないと思うけど」と突き返されることもあるだろう。いずれにせよ、そこまでの努力がムダになる。

その点、フロントローディングをして最初に上司に話しておけば、目的や条件の確認がスタート直後に取れているので、「最後の最後にやり直し」という事態を回避できる。また、見当違いの作業をやりすぎずにすむ。

フロントローディングには、必ず上の人間を絡めること。組織は往々にして、上にいけばいくほどソリューションスペース（解の自由度）が広い。上司のほうができることにNGが少ないし、情報量も多いから、一つの仕事の全体像を考える段階で上司を巻き込んでおけばアイデアが広がりやすく、生産性が高くなる。

また、仕事を進めながら他部門を巻き込んでいくのもよくあるパターンだが、巻き込むなら最初から巻き込もう。

仕事を進めていく過程で、「あれ、ここには総務が関係するな」と気づいて総務に話し、次のプロセスで「こうなってくると経理に話を通さないと」と経理に話して……とやるより、スタートの段階で関係しそうな部門の人を集めて、まとめて話しておくほうがいい結果につながる。

どんなスケジュールで、どんなことを、どんな手順で進めていけばいいか最初に共有したほうが、途中途中で頼むよりもはるかに効率がいいし、得られる情報や協力の効果も上がるからだ。

20
行動変革のポイント

面倒でも「チームプレー」を心がける

悪い努力＝一人の仕事に没頭する

「努力は一人でコツコツやるもの」

そんなイメージを抱いている人もいるかもしれないが、人を巻き込むこともいい努力の重要な要素だ。

レバレッジしたりされたりする環境なしでは、いい努力は難しい。チームプレーができなければ成果は大きくなっていかない。

マッキンゼーにも、研究肌で頭がよく、一人で考え抜くことは得意だけれど、何人かでやりとりしながら仕事をするのは苦手という人がいた。人を巻き込むのも苦手だし、巻き込まれるのも苦手なタイプだ。

昔気質《むかしかたぎ》の職人のように、とにかく一つの技能の上達に集中することが最も重要という仕事ならば、一人でじっくりそのことに没頭するスタイルがふさわしいかもしれない。だが、多くの人の仕事は5種競技だったり10種競技だったりする。ある種目は一人でできるかもしれないが、すべてを一人で完璧にこなすのは無理だ。

事業戦略や商品開発などにおいて発想力に優れていると言われる経営者の多くも、特別な天才とは限らない。

私が出会ってきた優れた経営者の多くは、人とコミュニケーションを取り、影響を与え合いながら新しいアイデアを生み出すのがとてもうまかった。新たな刺激やヒントを求めて、他業界の人、ビジネス以外の世界の人、新しく知り合う人をどんどん巻き込んで、つねに新しいアイデアを発想している。


いい努力をするには、一人でやる仕事と複数でやる仕事、両方をこなせるようにならなくてはならない。

「チームプレーはちょっと苦手だ」という自覚があるなら、チームでやるプロジェクトに意識的に参加すべきだ。「これは自分一人でさっとできるな」という案件でも、あえて誰かを巻き込むことで新しい風を取り入れよう。その繰り返しで、苦手意識は克服され、仕事の幅が広がっていく。

優れたサッカー選手は、いくらドリブルの突破力があっても、ショートパスを巧みに織り交ぜて最速でゴールを狙う。ビジネスでも、人を自在に使うことでより効果的にゴールに近づくことができる。

21 行動変革のポイント

「リスク」を取る

悪い努力＝誰からもよく思われようとする

戦略とは選択であり、選択とは捨てることだと述べた。だから時間を切り、とりあえずの書類をつくらず、小さな通過点の成果は捨てることもいとわない覚悟を持たなければならない。

悪い努力を捨てるには、情報を多く持ち、何をやるべきかわかっている上司と話し合い、捨てるべきものを決めるのが早道かもしれない。だが、それだけでは自分の行動のすべてについて、上司に判断を委《ゆだ》ねていることになる。

絶対にこうすべきだということについては、自らリスクを取るべきだ。つまり、何を捨てるかの最終的な判断は、自分でしなければならない。

一切リスクを取りたくないのであれば、いい努力は決してできない。

「やらなければいけないこと」は、本当にやらなければいけないのか？　これを判断するには、それは誰が定義したのかを考えればいい。

上司、先輩など特定の人に「これをやらなきゃいけない」と言われたが、自分はそうは思えないという場合、個人の判断や考えの違いから生じるギャップであることが多いから、率直に話してみよう。

話し合った結果、ギャップが埋まればすばらしいが、埋まらない場合もあるだろう。むしろそういうケースのほうが多いかもしれない。

こうなると、「しょうがないな」と自分が折れるか、「わかってもらえないけれどわが道を行く」と折れずにつき進むかの判断となるが、どちらを選ぶのか、決めるのは自分だ。自分の納得度や相手に与える影響などを考えて判断することになる。

だが、決して折れるべきではないときもある。それは「やらなければいけないこと」を定義した人が誰なのか、特定できない場合だ。判断の根拠が上司など特定の人や具体的な意見ではなく、次のような曖昧《あいまい》な言葉だったら疑ってかかるべきだ。

「いつもそうしているから」

「前回そうだったから」

こんな理由で「やらなくてはいけない」とされたことには、縛られる必要はない。そこにはルーティンの壁、組織の壁などのいい努力を妨げる罠《わな》が潜んでいる。

自分で判断することを続けるあなたを、まわりはどう思うだろうか？
ときには「みんながやっていること」を悪い努力だと判断し、切り捨てるあなたの姿を見て、上司や同僚、チームの仲間からの評価や信頼が下がるかもしれない。

「そんなに早く帰りたいのか」「協調性のないやつだ」などと思われるかもしれない。

自分では信念を持ってやっていても、悪く思う人は必ずいる。そんなとき、いちいち説明してまわる必要はないだろう。

対応の仕方としては、「なんで皆と同じようにやらないんだ」と聞かれたら説明するという方法がある。また、「自分が信じてやっていることだから、成果が出るまでのあいだ、悪く思われても仕方がない」と耐えるという選択肢もあるだろう。

自信と他信は前述（53ページ）のとおり実績によって生まれるものだから、まだ結果が出ていないのに、「あいつはいい努力をしているな」とみんなに理解してもらうのは難しい。結果が出るまでの期間、生産性が高いかどうかは誰にもわからない。

途中で否定的なことを言われたり、怒られたりするのは覚悟のうえ——。そんなリスクテイキングの意識がなければ、「いい努力をする」というのは、きれいごとになってしまう。

一つを選ぶとは、もう一つを捨てることだ。「この道を選んでつまずくこともある」という前提で、信じて進むしかない。途中でいざこざがあっても、最終的に成果が出ればそれでいい。

また、よかれと信じてやっても、最終的に成果が出ないこともある。結果を示せなければ、まわりからたんにわがままなやつと思われるかもしれない。

こう考えると、いい努力を極めようというのは、大変リスキーなことに見えるかもしれない。

だが、自分でリスクを取って犯した失敗から学べることは大きい。また、「いい努力をしよう」というスタイルを崩さずに働き続けたほうが、長い目で見て、生産性の高い働き方が身につくこともまちがいない。

22 行動変革のポイント

「最も得意なこと」を磨き抜く

悪い努力＝メリハリのない働き方をする

いい努力にはメリハリが不可欠であり、メリハリとは「対極的なものの組み合わせ」だ。あるときは集中、あるときはリラックス。あるときは思考、あるときは行動。あるときは一人、あるときはチーム。あるときは定石《じょうせき》、あるときは非常識。いい努力ができる人は、こうした使い分けがうまい。

優れたカーレーサーはアクセルとブレーキの使い分けが見事なのと同じようなことだ。直線はフルスロットル、ここは思い切りブレーキングと、状況に合わせてエネルギーのかけ方や強さを変え、結果として最も短時間でゴールする。

メリハリをつけるには、自分の得意な部分を磨くことだ。数字の分析でもいいし、営業トークでもいい。ここぞという場面でフルスロットルをかけられるように得意技を磨き、使う場面を吟味《ぎんみ》する。

数字の分析に強い人なら、準備に人より時間をかけて相手を唸《うな》らせるデータをつくり、営業トークの部分はさらりとやるのがいいかもしれない。逆にコミュニケーションが得意なら、データづくりに時間をかけるより、クライアントのキーパーソンをつかまえ、とことん話し合うことにエネルギーを費やしたほうがいい努力となる。

その意味で、「つねに同じように全力投球」というのはいただけない。私自身、マッキンゼーでは社内での議論でもクライアントとの議論でも、すごく集中してのめりこんでいるときと、淡々とこなしているときとがはっきりと分かれていた。自覚もしていたし、まわりにも言われていたから顕著なのだろう。

社内会議でもクライアントミーティングでも、会議の重要度はそれぞれに違う。すべてが同程度に大事だということはない。「この会議だけは絶対に押さなければいけない」というときにのめり込み、そうでないときは流し気味でもいい。

たとえば私は、自分がどんどんアイデアを出すよりも、たくさんのアイデアを一つにまとめるほうが得意なので、後者が必要な会議によりエネルギーを注ぎ込んでいる。

第一段階が自分の得意技を意識すること、あるいはそういうものをつくること。そして第二段階がメリハリをつけることと考えるといいだろう。

23 行動変革のポイント

頭と身体の「フットワーク」を軽くする

悪い努力＝つねに地道に確実に

いい努力をするには、思考と行動の両輪を回さなければならない。

いろいろなことを考えて、頭のフットワークをよくしよう。いろいろなところに出かけてさまざまな活動をし、身体のフットワークもよくしよう。

思考と行動、どちらかに偏《かたよ》っては、いい努力はできない。

頭のフットワークというのは、思考の柔軟性だったり多様性といったことだ。柔らかく幅広い思考から、優れた成果につながるアイデアが生まれる。

身体のフットワークというのは、たんにあちこちに出かけたり、いろいろな人に会ったりすることだけではない。行動に「大胆さ」と「素早さ」があることが大切だ。

いい努力をしている人に「先週、何をやっていた？」と聞くと、その答えには驚かされることが少なくない。

たとえば、高い成果を出していたマッキンゼーの後輩に「夏休みはどうしていた？」と聞いたら、「ある自動車部品を買いに、海外へ行っていた」という答えだった。

彼は車が好きだが、普通の車好きならカーレースや展示会、ドライブに行く程度だろう。たった一つの部品のために海外まで行く人はめったにいない。

余裕があるからできることかもしれないが、裕福で暇な人でも大胆さと素早さがなければ、そこまではしないだろう。

また別の優秀な後輩に同じ質問をしたら、「先週はクライアントであるメーカーの全国の工場を20か所回りました」と答えた。そのメーカーは日本中に工場を持っており、彼は「全部の工場に行ってみるべきだ」と思ったので、1週間かけてすべて回ったのだという。

彼はまた、メーカーの営業マンに1週間、鞄持ちのごとくついて回ったこともある。直接的な目的があるわけではなく、「問題解決の提案につながる、濃い情報が見つかる」と信じていたからだ。

いい努力をするための行動法について、詳しくは第4章で述べるが、身体のフットワークの軽さ、意外さ、大胆さは、いい努力をするための基本だと覚えておこう。

第2章

いい努力を生み出す思考法

「次の行動」をクリアにする考え方

24 目的と課題

「目的」の真意を正確につかむ

悪い努力＝「指示＝目的」と表面的に捉えて動く

いい努力をするには「生産性が高い思考」をする必要がある。では、それはどうすれば可能になるのか。

考えることは大切だが、ひたすら考え続けているだけでは、いい努力とは言えない。

反対に、「ビジネスは行動ありきだ。〝まず動く、すぐ動く〟の精神で、動きながら考えればいい」という意見もあるが、私はそうも思わない。

いい努力に結びつく、生産性が高い思考に必要なのは、「①目的　②境界条件　③課題」の3点セットを押さえることだ。

何のためにどの範囲で何を考えるのかを動きながら考えるというのは、目的地なしに出発するような乱暴な話だ。

早合点で目的を誤認していたら、一生懸命にやった行動がムダになる。

また、行動する前に、「そもそもどこまでの範囲で動いてもいいのか」といった条件（＝境界条件）についても確かめておくべきだ。それを知らずに努力すると、無意味なムダが随所に生まれてしまう。

そして、目的を達成するためにどのような課題があるかを考えないと、いい努力はできない。課題を誤認していたら、それを解決しても、目指す成果にはつながらない。

「それぞれの仕事の目的なんて、あえて考えるまでもなくわかりきっている」と思う人もいるかもしれないが、ここに落とし穴がある。

たとえば企業のトップが部門長に「赤字の解消策を考えるように」と指示したとする。こう聞くと一見、目的が明確に思えるかもしれないが、よく考えるとそうでもない。

「短期的な経営上の理由で、赤字を今期ゼロにするのが目的なのか？」、あるいは「部門の抜本的な収益力強化を図れと言っているのか？」。

どちらなのかによって、打ち手がまったく変わってくる。

目的に関する真意を取り違えていたら、そもそも打ち手を考えること自体ムダになるリスクがある。

だから考え出す前に、行動する前に、これから自分がしようとしている仕事の「本当の目的は何か？」について確認し、正確に把握することが絶対に必要だ。

25 目的と課題

「境界条件」を広げる

悪い努力＝「やっていい範囲」で取り組む

目的を確認し、その実現を目指した努力をするために意識すべき大事なことは、境界条件だ。つまり、「やっていいこと」「やってはいけないこと」の定義だ。

たとえば会社の境界条件として「わが社は直販をしない」「わが社は製造業であって、決して小売りはしない」といったものがあり得るだろう。

境界条件のなかには、創業以来変わることのない理念もあれば、「何年か前、当時の社長が経営方針として定めたものがそのまま定着した」というものもある。

いずれにせよ、境界条件を知らずに目的を達成しようとすると、悪い努力になる。苦労して「ネット直販で業績を伸ばす」という企画をまとめあげても、「えっ、うちは絶対に直販をしないからこの案はできないよ」と却下されてしまうという具合だ。

だが、ここまでは基本編。悪い努力をしないための〝守りの戦略〟だ。

上級編である〝攻めの戦略〟は、境界条件を知ったうえで、それを広げることだ。

「直販は絶対にしないといっても、期間限定でネット販売したら、売上見込みは〇〇億円、宣伝効果は〇億円。本格的にネット事業を始めれば販売量を〇〇％増やせます」

こうした提案をしたら「例外としてやってみよう」となるかもしれない。

会社として境界条件をコロコロ変えるのは効率が悪いので、あまり頻繁《ひんぱん》にこういった原則を変えるべきではないだろう。だが、中期的な経営戦略や新規事業開発など〝新しいことをする〟ときは、境界条件をどれだけ広げられるかを考えてみる必要がある。

マッキンゼー時代に大先輩が、「振れ幅をどれだけ広げられるかを考えろ」と教えてくれた。いま販売している製品の価格帯が業界平均の真ん中くらいなら、うんとローコストの商品やぐっとハイエンドな商品の可能性を考えてみる。商品だけでなくサービスでも、その特性、品質、コストなどを思い切って双方向に振ってみたらどうなるのかを検討すべきだという話だ。

その際フォーカスすべきは、振れ幅を広げることでどれだけ成果が出るか、どれだけ売上や利益を伸ばせる可能性があるかということだ。

これまでなんとなく守ってきた境界条件を破ることで、ビジネスチャンスが大きく広がることは珍しい話ではない。

26 目的と課題

「目的」と「境界条件」を共有する

悪い努力＝わかりあっている「つもり」で進める

「目的・境界条件」は自分で意識するだけでなく、一緒に働く相手にも確認すべきだ。コンサルタント時代、クライアントの役員や部長が提案するものと経営トップが期待していたものが大きく食い違っているというケースに立ち会うことが多々あったが、じつはその仕事の目的が明確に共有されていなかったため、ということが多かった。

先に、「赤字を解消せよ」という指示でも真の目的に対する解釈が分かれるという話をしたが、目的が明確に共有されないままでいると、大きなズレが簡単に生じてしまう。

上司対部下でも、異なる部門間でも同じことだ。お互いに「なんとなくわかったつもり」でスタートを切ってはいけない。

指示を出した人と指示を受けた人が違う目的に向かって取り組み、境界条件を共有していないというケースは、小さなチーム内ですら頻繁に起こり得る。これではいくら頑張っても、望む成果は出ない。

話は簡単で、「事前に目的と境界条件を共有してから取り組めば、いい努力になる」ということだ。

ただし、リーダーには指示がうまい人とそうでない人がいる。目的や境界条件を意識せずにざっくりと指示を出す人もいるし、話が抽象的でわかりにくいタイプの人もいる。自分でも中身を詰めていないまま、なんとなく指示を出してしまう上司も多くいる。自分がリーダーで指示を出す立場であれば、自分の指示の出し方はどうか、いま一度見直してほしい。

逆に自分が指示を受ける側で、上司が指示を出すのが下手なタイプなら、こちら主導で正確に定義していく対話を行うべきだ。

「今回の目的はこういうことですか？」と目的を確認し、「その場合でも、○○は境界条件となりますね」と確かめておく。検討結果のイメージや検討期限についても、会話のキャッチボールをしながら一つひとつ明確にするのだ。

最初はうるさがられるかもしれないが、これで活動の精度が上がれば、やがてこれが当たり前のことになる。チームで進めるプロジェクトであれば、これをまず最初のミーティングで行うべきだ。

27

目的と課題

動く前に「課題」を見出す

目的と境界条件を明確にしたら、次はそこから正しい課題を見出すことだ。

つまり、その境界条件の範囲でその目的を達成するには「何」を解決し、乗り越えなくてはいけないかを考えるのだ。

課題はいろいろとあるだろう。しかし、これを数多くリストアップすることがいいのではなく、限られた重要な課題に絞り込まないといけない。「これを解決すれば、目的は7、8割は達成できる」というものを見つけるのだ。

課題を考えないと「目的から具体的なアクションに飛ぶ」という短絡が起きる。

「赤字を解消するには、赤字続きの九州工場を閉鎖しよう」

「赤字を解消するには、生産拠点を東南アジアに移すべきだ」

たとえばこんな具合に、目に見えるわかりやすい策に飛びついてしまう。だが真の課題を精査せずにアクションを起こしても効果は出ない。

悪い努力＝的を見ないで矢を放つ

九州工場を閉鎖すれば、固定費が減る。工場を東南アジアに移せば、製造コストが下がる。それははっきりしている。

だが、赤字の本質的な原因はもっと別のところにあるのかもしれない。生産拠点を東南アジアに移すと、もしかしたら、在庫や物流費が増大するかもしれない。九州工場が赤字続きなのは、新製品のラインを実験的に導入しているためかもしれない。そもそも課題は、定価で売れないとすぐに値引きをしてしまう営業の体質であり、製造コストの問題ではないのかもしれない。

課題が明確にさえなれば、それを解決する方法を考え、手を打てばいい。そのために時間を使い労力を割くのは、成果へと直結する「いい努力」となるだろう。

課題を明確にせずに動きだすのは、献立《こんだて》を決めずに買い物をするようなものだ。肉を入れたらうまいかもしれない、魚も買っておけば何かの役に立つだろうという動き方では時間がかかるし、ムダな材料や足りない材料も出てくるはずだ。

やみくもに動きだすのは一見速いようでいて、結局は遠回りになり、時間も労力もよけいにかかってしまう。

28 目的と課題

自分の判断で「重要な課題」に絞り込む

悪い努力＝すべての課題に取り組もうとする

課題を抽出する際に気をつけるべきは、分析にハマりすぎないことだ。

「目的を達成するために、すべての課題を捉えよう」となり、果てしなく分析をはじめ、〝思考の森〟で迷子になる人がいる。

たとえば、「なんで200億円もの赤字が出たのか？」ということを考えようというとき、「過去のケースをさかのぼってみよう。営業戦略と工場のオペレーションも見直そう。商品開発がどうなっているか、現状分析と同業他社との比較検討も必要だ。それと海外の事例は……」など、「問題点が何なのか」という分析を際限なく広げていってしまう。

そして目的を達成するための鍵となる課題を探すはずが、「この点も課題だし、あれも課題だ。それぞれどういう原因で問題が生じたのか」と、無数の課題を並べることに陥ってしまう。課題を探すことが自己目的化してしまうのだ。

これは緻密な思考能力を持つ人がやってしまいがちな悪い努力だ。

分析に時間をかければ、それだけさまざまな課題が見つかるだろう。だが、課題をより多く俎上《そじょう》に載せれば必ずしもその分打ち手の精度が上がるわけでもない。どこにツボがあるのか、ある程度自分の勘も働かせて考えるべきだ。

経営判断の多くは自然科学ではなく社会科学だから、いくら分析を続けても絶対的な正解にたどりつくわけではない。

矛盾もあるし、曖昧なところもある。そうしたことを前提として課題の数を絞らなければ、ただの分析屋になってしまう。

課題を考えるときにも、選ぶ覚悟、捨てる覚悟が必要となるのだ。

つまり、「Aという課題もある、Bという課題もある」というとき、大切なのはどちらを選ぶか決めることだ。

「いまわかっている状況での個人的な見方だが」と割り切って、つねに自分なりの判断を下す練習を日頃からしておこう。

正解を求めるのではなく「これが重要な課題だ」という自分なりの仮説を持つ習慣をつけるのだ。

29 洞察と仮説

「情報」は7割集める

悪い努力＝できる限り情報を集める

思考する際に「①目的　②境界条件　③課題」を押さえることはいい努力をするために最低限必要なことだが、ビジネスマンとしてさらに高い成果をあげていこうというとき、「情報から判断を生み出す思考」をマスターすることが必要になってくる。それは簡単に言うと次のようになる。

①情報を集める。
②情報から意味合いを読み取り、洞察する。
③自分、あるいは自分たちなりの仮説を立てる。
④仮説を検証・精査する。
⑤自分の判断をアウトプットする。

いきなり「情報を集める」と言っても、漠然としていて、何から手をつけていいかわからないという人もいるだろう。

生産性の高い情報収集のコツは二つある。

一つ目は、情報収集の体系をつくることだ。

検討する課題に関係する情報の種類や広がりを網羅的に押さえるには、フレームワークを活用することが有効だ。たとえば、「3C」というフレームワークがある。Customer（市場、顧客）、Competitor（競合）、Company（自社）の三つによって仕事や事業が直面する環境を捉えるものだ。

あなたがビール会社の商品開発者で、「東京オリンピック向けの商品を考える」ために情報を集めたいとしよう。

Customer（市場、顧客）というのは、この例でいうと、「消費者」に関する情報を集めることだ。たとえば、2020年の人口や世代構成、世帯数、世帯構成といったベーシックな情報を押さえる。次に、ビールに関係する消費者動向として、食事、アルコール飲料、あるいは飲料全般に関するトレンドを調べる。また、ビール業界にとって逆風になり得るダイエットや健康ブームについても調べる。

Competitor（競合）では、競合各社が何をしてくる可能性があるか、情報収集する。あるいは、前回のオリンピックや国際的なスポーツイベントで、競合はどのような商品をどう売ったかを調べてもいい。そこから発展して、オリンピックというイベントでは、過去にどんなマーケティングやキャンペーンが行われたかをリサーチするという手もある。

Company（自社）では、自社の業績、強み・弱みに加えて、2020年に向けた目標や戦略、あるいは目指す改革などを把握する。新工場ができる、新技術の開発、販売網の拡充などだ。

3Cのほかにも、オリンピックに向けて「変わること」「起こること」という切り口で、オリンピックのスポンサーシップ、選手村、競技場での売店などについても調べることができる。間接的に起こる変化まで広げて、「スポーツブームが起こり、消費者が健康志向になると、ビール消費量はどうなるか」を調べてもいい。また、オリンピックに向けて外国人旅行者が増えてくるが、彼らを新たな消費者としてリサーチしてもいい。

「オリンピックに直接関係すること・間接的に関係すること」という対比で調べるという切り口もある。

いまの時代、情報はあふれており、事業戦略でもマーケティングでも、「よりよい判断のために情報を集めよう」となると、それらしい情報はいくらでも集められる。

だが「課題」のところで話したのと同じで、情報が多ければ多いほどアウトプットの質が上がるわけでもない。情報収集しようと思えば無限にできるだろうが、いくら集めても

「これで十分、ゴールにたどりついた」とはならない。

また、情報が多すぎると相互に矛盾する意味合いを示す情報も出てくるだろうし、分析にも時間がかかる。だから、「6〜7割の情報で判断する」というイメージを持ったほうがいい。

よって、生産性の高い情報収集のコツの二つ目は、「情報収集の体系に沿って、掘り下げる情報の取捨選択をすること」になる。

「3C分析は一通りさらっとやるけれど、市場の情報が少ない。ここに重点をおこう」、あるいは、3Cを網羅的に捉えることにこだわらず、全体像をざっくりと捉えたうえで、「競合についての情報のみ深掘りしよう」などとメリハリをつけ、情報を絞り込んでいくのだ。

情報収集には際限がない一方、そのアウトプットが目に見えてわかりやすいので、つい情報収集ばかり積み重ねて、仕事をしている気になってしまいがちだ。しかし集めた情報はそれを材料として考えを進めることではじめて価値が生まれる。

だから、「情報収集」と「アイデア出し」は交互に行うことが重要になる。

情報を集めて仮説を考え、仮説に沿ってまた情報を収集し、その結果で仮説を検証したり、修正したり、進化させたり、そしてまた情報……。というような反復型の進め方が望ましい。

30 洞察と仮説

さまざまな立場から情報を「洞察」する

悪い努力＝人と同じ考えにとどまる

洞察とは、「情報から抽出された意味合い」のことだ。

情報にも価値はある。しかし、本当の価値は洞察から生まれる。たとえば、同じ情報を１００人が持っていたとして、その中で独自性の高い洞察を導き出せた10人がその情報の価値を最大化することができる。

オリンピックの開催に向けたビールの新商品を開発するために消費者調査を行った結果、「ヘルシー」「サステナビリティ」「ユニバーサル」「多様性」「絆」などのキーワードを多くの消費者が大事にしているということがわかったとしよう。これは調査結果を見たすべての人に共通の情報だ。ここから人とは違うユニークな意味合いを抽出しなければ、情報の価値は上がらない。

とはいえ、独自の洞察をするのは簡単ではない。なぜなら、人はある情報を見たとき、どうしてもありきたりな洞察をしがちだからだ。ある情報があったら、10人のうち9人は同じようなことを「自分の洞察」として考えてしまう。

「東京オリンピックには大量の外国人観光客が見込まれる」という情報から、「日本らしい文化やライフスタイルを象徴する商品が売れる」といった洞察をしても独自の価値はない。だれもが考えることだからだ。ビジネスはつねに競争だから、オリジナルな洞察をしなくては価値が生まれない。では、どうすればいいのか。

生まれつき才能があってユニークな洞察ができる人もいるだろうが、私を含めた大多数の人はそうした飛び抜けた才能があるわけではない。普通の人間同士であれば、多くの洞察を生み出す訓練を数多くした者のほうが、いい洞察ができるようになる。

多くの洞察を生むための訓練方法は、「同じ情報から、角度を変えて複数の洞察を得ること」だ。

「この情報を、仕事として見たときの意味合い、個人として見たときの意味合いは？」

「この情報を、自分の妻（夫）が見たときの意味合いは？」

上司だったら、競争相手だったら、自社の研究者だったら、経理だったら——。常日頃から、立場を変えて「この人だったらこの情報をどういう意味合いに取るだろう」「この人だったらこの問題をどう考えるだろう」と考えるトレーニングをするのだ。

「多面的に考える」というのは難しいことだが、このやり方で訓練していただきたい。

31 洞察と仮説

洞察から「仮説」を組み立てる

悪い努力＝いつまでも「自分なりの答え」を持とうとしない

自分ならではの洞察をいくつか導き出したら、それらの洞察を組み合わせて、仮説をつくっていく。

たとえば、前述の消費者調査の結果から、「オリンピックという最大のお祭りに向けて、年齢、性別、国籍などを超えて多くの人たちが一緒に楽しい時間を過ごすことがますます重要になるのではないか」という洞察を持ったとする。

さらに、競争相手の動向を調べ、その結果から、「オリンピックに向けたビールの新商品合戦は、既存商品を一掃《いっそう》するくらい大胆な企画が勝利につながるはずだ」と洞察した。

そのうえで、自社の強みに対する洞察などを組み合わせて、「老若男女を問わずいつでも楽しめる新ブランドの開発」が課題であり、「同じ製法から、異なる味とアルコール度数でありながらも共通する風味を持った数種類の商品群を生み出すこと」が戦略としての方向性だという仮説を組み立てる。

このように複数の洞察を組み合わせることによって、「課題は何か」「課題を解決するためにやるべきことは何か」「対応しておくべきポテンシャルリスクは何か」などについて、仮説を生んでいく。

「目的達成に向けた課題を考える」「解決策を考える」「それを実行するうえでの課題を考える」など、どんなことについても自分なりの仮説を持つ意識を徹底させよう。

洞察と同様、こちらも常日頃からそうした意識を持つことが訓練となり、慣れれば慣れるほど自分独自の仮説を数多く持てるようになる。

なお、いい仮説が浮かぶと、つい自分でそれを信じ込んでしまうことがある。

だが、仮説はどんなに深く洞察して導き出したものでも仮説にすぎず、「最終的な解ではない」とわきまえることが大切だ。

「これは仮説だ」という意識を持って「大事な部分は検証しよう」と思わないと、たんなる思い込みや先入観になる。そうなると、それはむしろ判断をゆがませる原因にもなる。そのまま突っ走ってしまうと、思わぬ大失敗を招くこともあるだろう。

すべての仮説を完全に検証することはできないが、大事な判断の分岐点となる仮説については、できる限り検証しなくてはならない。

32 洞察と仮説

「ユニークな仮説」をつくる

悪い努力＝無難な通説にしがみつく

仮説を考える際、目指すべきは、独自性のある「ユニークな仮説」をつくることだ。

いままで解けなかった問題や課題を解くとか、これまでよりも高い成果を出そうというのであれば、これまで言われてこなかったことを考える必要がある。

他社などのライバルも思いつくようなアイデアを考えたところで大きな成功にはつながらないし、ありきたりな仮説をいくら詳細に詰めても、改革やイノベーションは生まれない。

では、優れた「ユニークな仮説」はどうすれば生み出せるのか。

そのためには、さまざまなパターンの知見を持つことが大事だ。

「ユニークな仮説」をポンと出せる人の一つのタイプは、頭の中に多様な知見を持つ人だ。イメージとしては、頭に情報を放り込むと、瞬時に適切なパターンに当てはめられ、

「ユニークな仮説」がポンと出てくるという感じだ。

論理もデータもすっ飛ばして、直感でものを言っているように見えても、知見の蓄積が背景にあれば、精度は上がるし、説得力も出る。

知見の蓄積もなく、まったくの直感やひらめきで優れた「ユニークな仮説」を生むことができるのは、数万人に一人といったレベルのイノベーターやクリエイターだけだろう。

普通は知見を増やせば増やすほど、優れた「ユニークな仮説」を素早く出せるようになる。若手であっても、未知の仕事にチャレンジした回数が増えるほどに「ユニークな仮説」を出せるようになっていく。

チームであれば、このプロセスをみんなで行えるので、より速く、より質の高い「ユニークな仮説」を組み立てやすい。

若いメンバーは情報収集に長《た》けている。現場の最前線にいるからだ。

一方、ベテランは情報を洞察し仮説に落とし込むのが得意だ。これはある程度、慣れと知見がものをいう。

リーダーは、そうして浮かび上がってきた「ユニークな仮説」を取捨選択して、メンバーに検証作業を進めさせればいい。

33 — 洞察と仮説

書いて話して、仮説を「強化」する

悪い努力＝仮説を一人で抱え込む

仮説を検証するには、頭で考えているだけでなく、明確に言語化してみるといい。イメージは曖昧なままにしておけるが、文章にするとなるとごまかしがきかなくなる。自分の仮説が何であるか、より明確に、具体的に定めるよう、自分にチャレンジすることになる。

言語化は紙に書くことだけではない。簡単なのは、人に話してみることだ。ただし、会話は雰囲気で補える部分もあるし、話しながらいろいろなことを付け足せるので、「話すこと」より「書くこと」のほうが、求められる明確さや論理構成の緻密《ちみつ》さは厳しくなる。

一方で、人に話せば対話や議論が生まれるので、自分の仮説が進化するチャンスが生まれる。ときには徹底的に否定され、ボロクソに言われるかもしれないが、ダメな仮説にいつまでも一人でしがみついている愚をおかさずにすむ。

書く、話す、それぞれの利点を認識して、双方を積極的に使うべきだ。

仮説を考える力を強化する訓練方法の一つを説明しよう。

まず、何か一つ具体的な目標を決める。いま取り組んでいる仕事のことでも、将来やりたいと思っている仕事以外の活動でも、趣味でも毎日の生活のことでもよい。

次に、「その目標を達成するために最も重要な課題は何か」「その課題に対する解は何か」という2点について、現時点での仮説を考える。すぐにそれを書いてみよう。

手元の紙に書きなぐっても、PCかスマホに打ち込むのでもよい。なるべく簡潔に、「課題」と「解」、それぞれの仮説を一行ずつで書こう。これだけで、「仮説を持ち、それを明確化する訓練」になる。

次に、課題の仮説、解の仮説のそれぞれに関して、なぜ自分がそう思うのか、その理由、根拠を三つずつ箇条書きにしてみる。すべて一行ずつだ。なるべく具体的に、明確に書こう。これが「論理構成の訓練」になる。さらに、その理由一つずつを数値や他の情報で証明する方法を考えれば、「分析・検証の訓練」になる。仮説と論拠をまとめて人に話してみれば、「自分の意見を伝える訓練」にもなる。

大事なのは、とにかく短い文で書くこと。そしてなるべく具体的に書くことだ。

次の日は、同じ目的に対して、課題と解それぞれに対する違う仮説と、それぞれの理由を書き出す訓練をしてみよう。やりにくかったら、誰か他人になって考えてみよう。「多面的な思考の訓練」になるはずだ。

34 洞察と仮説

仮説を「数字」で検証する

悪い努力＝仮説を押しとおす

検証作業は仮説をブラッシュアップしてよりよいものにするのに役に立つし、検証内容を仮説の論拠として示すことで人に提案する際にも説得力が増す。

仮説を検証することは、より効果の高い解にたどりつく可能性を向上させるとともに、他人にその仮説が正しいことを証明する意味も持っているのだ。

もし、自分の資本だけで一人で事業を行っていて、判断や行動の結果が自分にしか影響しないのであれば、（自分がその結果を受け止める覚悟さえあれば）仮説のまま実行に移しても問題はない。

だが、人を巻き込んで仕事をしているのであれば、話は別だ。

私自身、「コンサルタントは、クライアントという他の企業の業績に影響を与えるアドバイスをするのだから、仮説は相手にわかるように検証しなければならない」とマッキンゼー時代に後輩によく教えていた。

さらに、「誰にでもわかるように検証するためには論理的であることが必要だ。論理は万国共通の言語だから」とも話していた。

占い師のように「自分がそう感じたから」とか「○○がそう告げているので」というわけにはいかない。

古今東西、いちばんわかりやすい論理は数字だ。

いろいろなデータやその分析結果など、定量的なものでの検証は誰にでもわかりやすく、説得力もある。

「地域やその中でのコミュニティの重要性が増しているはずだ」という仮説なら、消費者意識調査のキーワードの中でこれらの単語が占めるランキングの推移を見てもいいし、個人が地元で使っている時間の増加を計ってもいい。食品の購入で地元産品の地位が向上しているデータなども使えるだろう。

住民一人ひとりが最近会った人たちの中で同じ地元の人の割合はどれくらいになっているかといったデータを使うこともあり得る。

このように、さまざまな定量的な検証方法が考えられるはずだ。

35 洞察と仮説

仮説を「進化」させ続ける

悪い努力＝一気に結論を出そうとする

「情報、洞察、仮説、検証」が思考の基本プロセスになる。

もちろん、検証はせずに仮説に基づいて判断し行動することもあるだろう。ルーティンワークであれば、情報を得てすぐにパターン化した反応で行動することもある。それも悪くない。

大事なことは二つ。

まず、自分の考えが仮説なのか、検証されたものなのかを正しく認識しておくことだ。検証せずに実行に移す場合でも、それを意識しておくことが重要だ。

もう一つは、仮説を進化させることだ。

そのためには、思考のプロセスを反復させ、途中の段階で前のステップに戻ってまた考えるということを繰り返すことが重要だ。

新しい情報を取り続け、異なる洞察を生み出し、それらの結果に基づき仮説を修正したり深めたりする。検証結果に基づいていったん証明された仮説を完成品としないで、さらに進化させられないか考え直す。

このように、一つの仮説にたどりついても、「つねに進化させ続ける」という意識を持とう。

「仮説＝家の設計図」とすれば、ようやく設計図が完成したが、問題があることに気づいてまた一から設計し直すこともある。また、いまある設計図はそのままにして、増築や改築というかたちで新たな仮説を足したり、アレンジすることもあるだろう。

いずれにせよ、「つねに考える」ということが大事だ。

仮説はとてつもなく時間をかけて一気に完成版を生み出すものではない。いつも考え続けて、どんどん更新していくくらいの軽やかさがいい。

「これが最終判断だ」という仮説を立てるのは大変だが、「現時点の判断だ」と思えば、頭のフットワークも軽くなるし、気も楽になる。「これは今日わかる範囲のことでつくった今日の仮説。明日はきっと、もっと進化した違う明日の仮説ができる」と思えば、踏ん切りがつく。

考えて考えて考え抜いた一つの仮説より、何度も柔軟に更新した仮説のほうが優れたものになりやすい。

36　思考の要諦

「いちばん効くレバー」を引く

悪い努力＝手近でできることに力をそそぐ

本章ではここまで、生産性の高い努力をするために考えるべきこととその方法を述べてきた。ここからは、そうした思考をしていくうえでのコツやポイント、言うなればビジネスマンとしての「思考の要諦《ようてい》」をいくつか挙げていく。

まず、いい努力をするには、つねに「いちばん効くレバーは何か」という発想を持っておかなくてはならない。優れたコンサルタントは、「この課題を解決しよう」というとき、まずはいちばん効くレバーは何かを考える。

何かに影響を与えられるレバーはつねに一つではない。たとえば「組織の風土を変えよう」という場合、評価制度というレバー、組織体制というレバー、情報発信というレバーなど、いろいろある。とくに、「キーパーソンは誰か」ということは最初に必ず考える。

「この会社は、本部長クラスを動かせば組織が変わる」「経営トップを動かすことが肝心だ」という具合だ。そこを検討せずにむやみに働きかけても労力の無駄遣いで、典型的な悪い努力となってしまう。

方策にしてもキーパーソンにしても、全部のレバーを引くわけにはいかないから、どれが最も効くかを考える。考えた末に、いちばん効くレバーを見つけられるかどうかが、成否の半分ぐらいを決める。


「問題解決のためにレバーを引く」「目標達成のためにレバーを引く」というとき、ともするとやってしまいがちな悪い努力は、「引きやすいレバーを引く」というものだ。

たとえば、「組織のモチベーションが下がっている、規律が乱れている」というとき、「いちばん効くレバーは何か？」という問いを省略してしまう。

考えなしに「じゃあ、評価制度を変えよう」とか「講師を呼んで研修やトレーニングをしよう」といった定番のアイデアを出し、「このレバーでいいだろう」とばかりにそれを引こうとするのだ。

そのレバーによって問題が解決するかを精査せずに「とりあえず何かしらやってみる」という話なのだが、「定番のアイデア」というのは反対されない。

特別ユニークでないかわり無難なので、「いいんじゃない？」と安易に認められ、波風が立たずにゴーサインが出てしまう。こうして、効果の不明な悪い努力に時間や労力と、ときにはお金が費やされることになる。

だから、くれぐれも「いちばん効くレバーは何か？」という問いを忘れずにいてほしい。

そのうえで、レバーの効果を最大化するにはさらに、「素早く、一気に」引くことだ。

たとえば、「組織風土を変えたい」という課題があったとして、「それには新鮮な人材を投入するのがベストだ。中途で実力のある人材を採用しよう」といういちばん効くレバーを見つけたとしても、なかなか一気には引けないものだ。

上司や人事などの決裁がいるし、採用にはお金がかかる。久々の中途採用なら、人材サーチ会社を頼む必要があるかもしれない。

だが、打ち手が遅れればそれだけ成果も遅れるし、時間が経つにつれて状況も変わっていく。そのうちにベストの打ち手もベストではなくなってしまう。

ビジネスには競争がつきものだから、競合に有力な採用者候補を引き抜かれるなど先手を打たれることもある。その場合も、レバーの効果が低減してしまう。

だからこそ、「いちばん効くレバー」に確信が持てたなら、それがいくら大変でも、自らの時間や労力などのリソースを一気にそこに傾け、計画から根回しから実行まで、すべてスピーディにすませる必要がある。

いちばん効くレバーを「素早く、一気に」引くのが最高だが、仮にそのレバーが2番目、3番目のものであっても、素早く、一気に引けば、効果はそれなりに高くなる。

37 思考の要諦

仕事の「答え」をつねに持っておく

悪い努力＝その場その場で考える

あなたがコンサルティングチームの一員として、大手メーカーのA社を訪れたとする。

A社はあなたの会社に、人事制度改革のコンサルティングを依頼している。

巨大企業だから事業領域は幅広く、事業部門ごとの工場、全国展開の販社ネットワーク、メンテナンスなどのサービス事業まで、業容や事業所は多岐にわたる。したがって人事制度の改革は大がかりなものとなる。高いコンサルティング費用をかけているだけに、A社の期待も大きい。

あなたはA社でミーティングを終え、自社に戻ろうとエレベーターに乗る。すると顔合わせのときに挨拶《あいさつ》したA社のCEOが一人で乗っており、気さくに話しかけてくる。

「君、コンサルタントの人だね。今回は人事改革のプロジェクトでお世話になるね」

あなたが笑顔で挨拶を返すと、CEOはずばりと問う。

「ところで、どういう改革が必要なのかね？」

エレベーターが動き始めて目的階に着いてドアが開くまでの数十秒。あなたはどう答えるだろう？

これはマッキンゼーでは「チェアマンズ・エレベーター・クエスチョン」と呼ばれ、コンサルタントの基本として、必ず対応できるようにしておくべきだとして訓練されたものだ。ポイントは二つある。

第一に、それがプロジェクト開始の当日でも10日目でも、「その時点での最良の結論」を、即答しなければならない。

「検討中です」「プロジェクトは始まったばかりでして」「報告会までお待ちください」こうした答えはもちろんダメ、嘘やごまかしはもちろん論外。

結論といっても、現時点での結論だ。当然、仮説でいい。ただ、プロジェクトが始まった時点から「つねに何らかの答えを持っていなさい」ということだ。

第二に、クライアントのトップに質問されたのだから、自分の担当の部分についてだけ答えても意味がない。仮にチームが5人いて、自分は評価制度を担当していても、チーム全体としてA社の人事制度改革案の仮説がいまどうなっているかを答えなければいけない。これは、「たとえ新人でも、つねにプロジェクトの全体像を見ていなさい」ということだ。

「つねに考える」というのは、仮説構築力を付ける訓練の鍵だ。考え続けることなしに、いい努力は決して生まれない。

38 ― 思考の要諦

「ためらい」を捨て、判断する

悪い努力＝時間切れで結論を出す

いい努力をするには「目的、境界条件、課題」を正確に押さえる必要があるという話をした。

では、それらはどういうプロセスで生み出すべきか？

私たちはこれに限らず、毎日、無数の判断をしている。経験の蓄積から一瞬で判断していることもあれば、時間をかけて考えたうえで判断することもある。

自分が判断することもあれば、上司や同僚に判断してもらったり、部下に判断させるという場合もある。

「この仕事を進めるか止めるか」「どんな企画を提案するか」「どのクライアントに話を持っていくか」……。

自分が判断し、人に判断してもらうために、私たちは議論するし、書類もつくる。

また、それらの判断に唯一絶対の正解はないし、どんなに考え抜いても正しい判断ができる保証はない。

だが、考えることによって判断の精度を上げることはできるし、よりよい判断はより高い成果につながる。

ただし、ここまでに述べてきたとおり、ひたすら考え続けていてはいけないということを、大事な条件として強調しておきたい。

「悩むな、考えろ」

これはマッキンゼー時代の後輩の一人から、「マッキンゼー在職時に先輩から教わった言葉」として聞いたものだ。私流にアレンジすると次のようになる。

「悩むな、考えろ。だがいつまでも考え続けるな、判断しろ」

ビジネスにおいて考えることは何より大事だ。思索とは、ある意味で判断よりも崇高なことだ。

しかしことビジネスにおいては、それなりに考えた段階でテンポよく判断をすることが必要になってくる。

大事な意思決定の場合、「間違いかもしれない」と怖くなる。自分で確信を持った答えがあっても、まわりに気を遣ってはっきりとは決められないこともある。

私は知的に大変優れているのになかなか判断できない人を何人も見てきたが、それは「そういう性格だからだ」としか言いようがない。

だが、いくら決めるのが苦手な性格であっても、限りある時間の中でビジネスをしている限り、絶対に判断しなければならない。

そして、判断するには、ためらいを捨てなければならない。結局は、そう腹をくくるしかない。

得意だろうと苦手だろうといずれ判断するときがくるなら、自分の決めたタイミングで判断しよう。自分のなかで判断が固まる前に締め切りが来てしまい、追いつめられて答えを出す、というのは最悪だ。

前項で述べた、途中途中で「現時点での仮説はこれ」と、〃今日の判断〃を持っておくことは、ここでも大事になってくる。

これを日々考えることは、ビジネスマンとして必要な思い切りのよさと質の高い判断力を養うことになる。

39 思考の要諦

「頭の中」を人の目にさらす

悪い努力＝思考プロセスを隠す

私たちは一つ仮説をつくると、どうしてもそれに捕らわれ、自分の判断にこだわってしまいがちだということを意識しておいたほうがいい。

一つの仮説にこだわる理由その一は、「思いがこもってしまうから」だ。それが正式な会議だろうと部内のミーティングだろうと、「これが私の判断です」と表明したものを否定されると、自分が否定されたような気持ちになる。自分が飼っているペットのことを「世界でいちばんかわいい」と思ってしまうのと同じで、人は一生懸命に手をかけている対象を愛しく思ってしまうところがある。

これは別に悪いことではない。自分の判断に思い入れがあったほうが、実行するときに情熱をこめられる。だが、再三述べているとおり仮説はあくまでも仮説であり、検証して精度を高めなくてはならない。

仮説にこだわってしまう理由その二は、「一からつくり直すのが面倒だから」。

仮説にこだわってしまう理由その三は、「自分の思考を抱え込んでしまうから」だ。仮説は情報に自分の洞察を加えて生み出すものだが、そこに他人の意見や新たな情報というインプットを加えて更新することで、仮説は進化していく。

だが、思考を抱え込んでしまう人は、新たなインプットを受け入れることができない。このタイプの人は慎重でなかなか判断をくださず、「あれはどうなっている？」とまわりが助け舟を出しても、「ちょっと、まだ……」と言葉を濁して、思考のプロセスをオープンにしようとしない。だが、自分の中でも行き詰まっているなら、新たなインプットをもらったほうが打開策の見つかる可能性は高まるはずだ。

こうして思考を抱え込んでいると、結局、見当違いな方向に思考を進めてしまうこともある。これでは時間と労力のムダだ。本人としては頑張っている自覚があるわりに成果が出ない、悪い努力のなかでも気の毒な例だ。

思考のプロセスを人に見せたくないのは、自信がないからかもしれない。逆に自信がありすぎて、口出しされたくないのかもしれない。たんにプライドが高いせいかもしれない。いずれにせよ性格などその人の内面的な要因だろう。

だが、いい努力をするには、オープンでいなければならない。これは多くの優れたリーダーを見てきた経験から断言できる。外部の情報、他人の声にオープンであったほうが、いい努力を通して大きな成果が出る確率が高まるのだ。

40 思考の要諦

「具体的なアイデア」を足で生み出す

悪い努力＝机の前だけでアイデアをひねりだそうと頑張る

問題分析だけで終わらせずに解決策まで生み出すのが、ビジネスにおける思考のルールだ。「この問題について考える」というとき、期待される成果は「では、どうするか」という答えだ。

ところが、会議や打ち合わせの場などで意見を出す際、問題がなぜ問題なのかを論理立てて整理するだけで終わってしまう人はとても多い。

あなたが体調が悪くて病院に行き、「朝起きたときからの倦怠感《けんたいかん》と胃痛をなんとかしたい」と医師に訴えたとする。医師は親身になって生活習慣について細かく尋ねて診察し、さまざまな検査をし、ていねいに説明をしてくれる。

「検査の結果、血圧が高いし、ちょっとメタボ気味ですね。酒を飲んだあとの夜中のラーメンがまずいな。運動不足だし、睡眠も全然足りていない。生活習慣を変えましょう……」

この医師は悪い医師ではないのかもしれないが、これは患者が期待する成果ではない。血圧もメタボも事実だが、患者が知りたいのはどういうアクションをすれば現在の不調が改善するかという具体策だ。「生活習慣を変えたほうがいい」というのはもっともだが、具体性がないし、そこまでなら誰にでもわかることだ。

ビジネスでも同じことが起きている。知的で堅実な人は、問題点を分析するのが得意だし、論理的に導かれる解決の方向性を示すこともある。

しかし、「まず、具体的に何をすべきか」という発想の段階になると、詰まってしまう。

具体策のアイデアを出すことは私自身も得意ではないし、論理的思考が得意な大多数のマッキンゼーのコンサルタントも苦手だ。「すぐれたアイデアが自然と出てくる」というのは、おそらく限られた才人だけだろう。

仮にマッキンゼーのコンサルタントの8割はアイデア出しが苦手だとしても、みんながコンサルタント失格というわけではない。コンサルタントはクライアントと組んで働く。すなわち、クライアントからアイデアを引き出せばいいのだ。

発想力に特別優れていない人がアイデアを出すために、やるべきことは三つ。

第一に、「自分は具体的なアイデアを出す部分が弱い」と自覚すること。

第二に、考えるプロセスの時間配分を工夫すること。

大型の企画提案やプレゼンの準備の際、情報収集や問題分析に時間をかけているうちに、提案の3日前になっていたというのでは困る。土壇場になって慌《あわ》てて苦手なことをやったら、いくら問題分析や方向性が優れていても台なしになる。時間を区切って、「10日前になったら、問題分析や調査の精度が粗くても中断して、具体的なアイデア出しに集中する」などと決めることだ。

第三に、アイデアを外から集めてくること。

論理の枠に閉じこもらず、外に出よう。外の世界を見て、いろんなことをしていれば、幅広い知識が蓄えられる。新しい発想がクライアントとのコミュニケーションから生まれることもあれば、一見関係のない知識と課題を結びつけることでアイデアが生まれることもある。

テレビで見た行列のできるアイスクリーム店、野球監督の名言、外国人観光客が買っていくもの、歴史書、ランチが人気のレストラン。関係ないことを見て聞いて体験し、アイデアのリソースを増やすのだ。その意味でアイデアとは、頭ではなく足でつくるものだ。

効率主義だけで仕事をしていたら、アイデアは広がらない。仕事だけしているのではなく、「無駄なこと」「余計なこと」をする余裕と思い切りを持つことが重要だ。

仕事を一生懸命にしながらも、時間をつくって、あえて仕事に関係のない本を読んだり、他業界の人などと話をしたりすることが、アイデアのリソースを豊かにしてくれる。

41 思考の要諦

決まってから、もう一度考える

悪い努力＝一度、結論が出たら思考を止める

どんな思考でも、生産性の高いものにするには、あと一歩考えることだ。

「情報→洞察→仮説→検証→最終判断のアウトプット」となるわけだが、質の高い思考をする人は、普通の人が考えるのを止めた時点から、30分長く考える。

思考を粘ることが癖や習性になるには時間がかかるので、最初は意識的にやるといい。ひと通り議論が終わったとき、「ちょっと待ってください」と言えるかどうか。あるいは、ひと通り自分で考えたあと、さらに考えられるかどうか。

これは面倒くさいことだが、結論を出してしまったあとから何かを思いつくよりも、結論を出す前に最後にもう少し粘ったほうがいい。

たとえば、A社というかなり手強い競争相手がいるとする。

A社の業績がなぜいいのか、財務データや顧客調査などの情報から洞察し、「A社のヒット商品の強みを自社の商品にも反映させるべき」「従業員の接客をA社と同じレベルに

まで引き上げるべき」という仮説を立て、検証する。そして、「では、A社に対してわれわれはこういう戦略でいこう」と最終判断を下す前に、もう一押し考える。

「商品はすばらしいが、高い収益性を生んでいるのは本当に商品の質だけが理由だろうか？」

「店員の接客が優れているが、それは本当にA社の急成長に直結しているのだろうか？」

表面的に見ていた強みについて、もう一歩踏み込んで考えてみる。商品や接客のよさは目に見えやすいが、そもそも強さの理由はビジネスモデル自体にあるのかもしれない。答えにたどりついてから、「こういうことは考えられないか？」と、考えられる他の可能性を最後に探ってみるのだ。

これもメリハリが大事で、この段階でまたいつまでも粘り続けるべきではない。30分か1時間程度、可能性を探ってみて、「元の案でよし」となったらそのまま進めればいい。他の答えが見えてきたら、それについては改めて時間を取って検証や検討をすることになる。

粘るのも大事だが、なんでもかんでもいつまでも粘る必要はない。メリハリよく切り替えてさまざまな角度から新鮮な気持ちで考えられるようにしたい。

42 思考の要諦

Why、What、Howを5回繰り返す

悪い努力＝表層的な考えを結論としてしまう

多面的に深く考えるための便利なテクニックがある。

それはＷｈｙでもＷｈａｔでもＨｏｗでも、５回繰り返してみることだ。

「Ａ社が強い」ということについて突っ込んで考えてみるには、たとえば「Ｗｈｙ（なぜ？）」を5回繰り返す。

「なぜなら営業力が優れているから」というのが答えだとしたら、次のＷｈｙは「なぜ営業力が強いのか」だ。

その答えが「営業マン1人当たりの生産性が高いから」だとすると、今度はそれに対してＷｈｙを問う。

その答えが「多くの営業マンが提案型営業を行えるから」と来たら、次のＷｈｙは「なぜできるのか」になり、その答えは……と考えていく。

こうやって5回も繰り返すと、多くの場合、答えに窮するようになる。

Ｗｈａｔの場合は、より具体的に、さらに具体的に……ということになる。

たとえば、「子どもの歯にいいお菓子をつくるべきだ」という案に対して、次のＷｈａｔは、「それは具体的にどういうお菓子なのか」という質問になる。

これに「どんな食べ方をしても虫歯にならないお菓子だ」と答えられたら、「それは具体的にどういう機能を持つお菓子なのか」という次のＷｈａｔをぶつける。それに対する答えは……という感じだ。

これも5回も繰り返すと詰まってしまうだろう。


そのＷｈａｔを実現する方策を考えるときはさらに「Ｈｏｗ（具体的にどうするか？）」を5回繰り返して考えてみる。

5回という数は便宜的なもので、7回でも10回でもいい。スラスラと答えが出なくなるまで繰り返し考える。

同じ問題について、Ｗｈｙ、Ｗｈａｔ、Ｈｏｗを3点セットにして考えるとかなり多面的に深掘りして考えることができるだろう。

だが、私の経験では、Ｗｈｙ、Ｗｈａｔ、Ｈｏｗの3点セットすべてに、5回続けてスラスラ答えられることはほとんどない。

状況によって「まずはＷｈｙを掘り下げたいから、Ｗｈｙだけ30分考える」というときもあっていい。これをいつもやっていると深く考える思考法が身についていく。

掘り下げる思考習慣がつくと、会議や打ち合わせでも議論を掘り下げる発言が自然と口に出るようになる。

「それはどうしてだろう？」

「もう少し具体的なイメージを話してみてよ」

「そういうやり方がいいということだね。わかりました。それで、その最初の部分は具体的にどうやるの？」

優れたリーダーの多くは、このような質問やコメントで、発案者のアイデアをより深化・進化させることがうまい。

このような議論を繰り返すことで、会議開始前と終了時点とのあいだで、アイデアが進化し、会議が進化し、参加者も進化する。非常に生産性の高い優れた会議となるのだ。

43 思考の要諦

「他の人の考え」に対して自分を開く

悪い努力＝他の人の意見を自分なりに解釈する

自分で深く考えることは大切だが、それだけにこだわっていても、生産性の高い思考はできない。他人の知識や思考をいかにうまく取り入れるかということも、生産性の高い思考をするコツの一つだ。

メーカー勤務だった若いころ、私は非常に優秀な先輩に、「何かあったら必ず原典を見ること」と教わった。法律、会社の規則、新しい技術について、最初からわかりやすくアレンジされた解説書を読んでいると、本質を正しく理解できないということだ。

これはとても大切な教えで、いまも何かわからないことにぶつかったときは、時間の許す限り、原典にあたるようにしている。

もう一つ教わったことは、「他の人から聞いたこと、本などに書いてあることは、自分のものとして咀嚼《そしゃく》してから使うこと」だ。

これについては、他人の考えも「自分の枠組みに落とし込む」といったイメージで捉えて実践していたが、マッキンゼーに入って数年経ったころ、「これはちょっと違うな」と思うようになり、やめることにした。

他人から自分にとって新しい考えを聞いて、「要はこういうことなんだろうな」と自分なりの解釈に落とし込んでしまったら、もともとの考えがゆがんだり矮小化《わいしょうか》されてしまい、悪い意味での等身大になってしまうからだ。

たとえ話をすると、世界のどこかに、いまだにガラケーの携帯電話しか存在しない島国があったとしよう。その国の通信技術者に、いまのスマホが提供している多様な機能を説明し、その桁外れの利便性を伝えた。それを聞いた技術者は自国の最先端技術の粋《すい》を集め、スマホとは「似て非なる」ガラケーのサービスを開発し、これが世界の最先端を行く携帯電話サービスだとして自国で導入してしまった。……そんな感じだろうか。

スマホが持つ数段、数十段優れた性能を十分に理解できていない人が、自分がわかる範囲でそれを解釈して模してしまうと、こんな笑い話になる。

世の中には自分よりはるかに経験と知識があり、優れた知見を持つ人がたくさんいる。最先端の専門家もいれば、何十年も実践を重ねたプロフェッショナルもいる。その人たちの話を自分が理解できるように解釈すると、せっかくの話がその瞬間、平凡なものになってしまうおそれが大きい。

そんなことはしないで、一流の人の考えはすべて丸呑みして、そのままやってみたほうがいい。自分の理解の範囲に収めず、すばらしいものはすばらしいまま頂けばいい。

最も大事なことは、最初から他の人の意見に対してオープンになり、素直に向き合うことだ。先にも、「いい努力をするにはオープンになる必要がある」ということに触れたが、他の人からの意見や助言を一人で抱え込んでしまわず、「それは具体的にはどういうことですか？」などと自分を開いて、対話を始めるのだ。

聞いてわからないことがあれば質問を重ね、別途リサーチし、他の詳しい人にも話を聞きに行く。

ガラケーしかない国の技術者の例に戻れば、スマホというアイデアを自分流に解釈して似て非なる携帯サービスをつくるのではなく、スマホという見知らぬものをそのまま追求してみるのだ。スマホを教えてくれた人と対話し、質問を重ね、スマホについてリサーチし、もっとスマホに詳しい他の誰かに話を聞きに行くということだ。

人の意見によってもたらされた刺激を内側で消化してしまうのではなく、次なる発想や行動の触媒《しょくばい》にする。

これは労力を伴うが、それだけの価値はある。さらに、こうした姿勢は「よりよい第三のスマホ」につながる可能性をも秘めている。

「意見に対して自分を開く」とは、人を巻き込むトレーニングにもなる。意見に対してオープンになり、わからないところは聞き返したり、さらにはまわりの人にも意見を聞けば、議論が生まれ、アイデアがよりよいものになっていく。

先に、マッキンゼーではパートナーやシニアパートナー候補を評価する際、「仲間をレバレッジし、自分もレバレッジされる」ことが重要なポイントになっていたという話をした。これはつまり、「人を巻き込んで自分一人の能力や知見を超えた問題解決やアイデア創出ができるかどうか」ということだ。

いかに優れた問題解決能力の持ち主であっても、自分一人の能力だけでは、チームで議論をしながら問題解決の質を上げていける人にかなわない。

他人に対して自分を開ける人は、能動的な好奇心にあふれ、柔軟性を持ち合わせている。

これは生まれつきの能力ではなく、習慣に依《よ》るところが大きい。習うより慣れろで、次に新しい意見を聞いたときは、自分を開いて、思ったことを素直に言葉として返し、ぜひ議論をしてみてほしい。

第3章

いい努力につながる時間術

早く動いて「努力の効果」を最大化する

44　動き方の基本

つねに仕事の「先」を行く

悪い努力＝締め切りを基準にして動く

先に、仕事においては自分が管理できている状態、つまり「アンダーコントロール」の割合を増やしていくことが重要だと話した。

その中でも時間をアンダーコントロールに置くためには、つねに「ステイアヘッド」（先を行く）の意識を持つことが鍵となる。

ビジネスにおいては、ほぼすべての仕事に何らかの「締め切り」がある。

だが、この締め切りに追われていると、時間に振り回され、大事な仕事であろうとなかろうと、とにかく間に合わせることに必死になってしまう。

そうすると締め切りに仕事の優先順位やクオリティが左右される。

これこそ、時間をかけて必死に働いているのになぜか成果のあがらない「悪い努力」だ。

これは時間を管理しているのではなく、時間に管理されている状態とも言える。

この悪循環に陥らないためには、つねに締め切りに対してステイアヘッドであることを保ち、前倒しで仕事をすることだ。

先んじていれば打つ手が増え、成果が出る確率は上がる。

ステイアヘッドし、一歩リードしていれば、思わぬ問題に対処するゆとりが生まれる。

これは勝負どころだという企画書であれば、

「締め切り1日前までに仕上げておこう」

と先んじることで精度を高められる。万が一、抜け漏れやミスに気づいたときにも修正できる。

逆に締め切りギリギリで進めていると、一つの障害ですべてがひっくり返る。

「よく考えたら営業部の担当者に確認しないとダメだった」

と気づいて内線電話をしてみたら、その人が海外出張でアウト……ということもあり得るのだ。

ステイアヘッドでいるためには、自分の仕事の全体像を把握《はあく》できていなくてはならない。

長いスパンで取り組む仕事があるときは、とくにそうだ。

貫徹するまでの時間軸が長いので、そのあいだに起こってくる予期せぬことや障害を、いかに事前に察知できるかが成果に大きく影響する。

だから、最初に仕事の全体像を俯瞰《ふかん》することが必須になる。

たとえば3か月のプロジェクトであれば、これから3か月で何が起こるか、まず最初にシミュレーションするべきだ。いわばマラソンのレースでコースを下見しておくようなものだ。

気温や風向きなどはもちろんのこと、自分の近くを走っている人、当日の体調など起こり得るすべてを把握できるわけではないが、下見によってどんな道かはわかる。

5キロ地点で坂道があるのか、10キロ地点で向かい風になるのか、知っていると知らないとでは大いに違う。

少なくとも、「とりあえず5キロ走って、あとはまた考えよう」という人より、いい記録が出せるのはまちがいない。

最初に全体像を俯瞰するとは、この例と同じことだ。

3か月後の目標達成に至るまでには、どんな目的と参加メンバーによる打ち合わせが何回くらい必要か。

そのメンバー以外に巻き込むべきは誰か。

全体的なスケジュールはどうか。

かけられる費用はどうか……。

プロジェクトのキックオフ段階で予測し得ることのすべてを並べて、シミュレーションするのだ。

個人でもチームでも、これをしない限りステイアヘッドは絶対に不可能だ。つまり、必ず締め切りと時間に追われるはめになってしまう。

45 動き方の基本

「フロントローディング」を徹底する

悪い努力＝きつい仕事を「あと」にまわす

いい努力をするための時間感覚を身につけたいなら、行動のクセ付けをしていこう。フロントローディングについては第1章でも触れたが、これがいい努力の行動プランの基本だ。タフな仕事をつねに「前」に持ってくるという方法だ。

朝型か夜型かといえば朝型。朝に面倒な仕事、難しい仕事、頭を使う仕事をやってしまえば、そこから物事が流れ出す。

朝は何といっても頭がフレッシュで、集中できる。オフィスでも早い時間は邪魔が入りにくい。

一方、仕事を始めてしばらくすれば、突発的な打ち合わせ、予期せぬトラブル、不意の電話対応などに時間を取られる。「あとでやろう」と思っていたことは、時間が押して翌日まわしになるか、〝スピード仕上げ〟になってしまうだろう。

同じように、1週間の中でも「重い」仕事があるなら、月曜中に終わらせるのは無理でも、せめて月曜に着手する。優先順位付けが曖昧なまま、木曜か金曜になってから大事な仕事に着手していると、成果にたどりつくスピードは遅くなるばかりだ。

注意したいのは、タフな仕事といっても、それが「大きな成果につながる仕事」であることが前提だ。

いい努力とは、自分が目指す成果につながる行為だ。純粋にこの視点から仕事を見れていれば問題はないが、漫然と仕事をしていると、ついいつのまにか目指す成果から目がそれていくものだ。

あなたはいま、催促《さいそく》のうるさい上司や付き合いやすいクライアントの仕事を優先してはいないだろうか？　締め切りが近い仕事から順番に取り組んではいないだろうか？

どういう基準で「その仕事を優先すべき」と考えているのか、改めて「成果の大きさ」の一点からプライオリティの付け方を見直してみることだ。

人はどうしてもまわりからのプレッシャーや気楽さに流されがちだから、1週間でも毎日でも、つねに「大きな成果につながる仕事」、その中でも「労力を要する仕事」を意識的に先に持ってくるくらいでちょうどバランスが取れるはずだ。

46 動き方の基本

行動のすべてに「時間の枠」をはめる

悪い努力＝時間を決めずに、終わるまでやる

いい努力をするには、仕事のあらゆる行動に「時間の枠」をはめてしまうことが効果的だ。それぞれの仕事にかける時間をあらかじめざっくり決めてしまうのだ。

それだけでなく、どの行動をいつやるかも固定化できるものはそうしてしまう。

私の場合、仕事のスタートは朝8時にしている。

午前中のミーティングやアポは、特別な場合を除いて9時からで、それまでは自分一人で仕事する時間だ。

退社時間は仕事の具合によるが、5時半、6時、6時半くらいだ。

ミーティングは30分間か1時間の2パターン。

もっとも、このパターンはあくまでも私という個人の一例にすぎない。

私がマッキンゼーに入ったころ一緒に働いていた大先輩の一人は、同時並行で多くのプロジェクトを進めて多忙を極めていた。その人とのミーティングはすべて30分と決められていて、さまざまなミーティングを立て続けにこなしていくのだが、ミーティングとミーティングの合間に必ずトイレに立つのも彼のパターンに含まれていた。

最初のミーティングで医薬品業界について滔々《とうとう》と話していたとしても、トイレから戻ってくるともう次のチームとの自動車業界の話題に頭が完全に切り替わっていて、ミーティング開始直後から「石油価格の変動が新車の切り替えに……」などと猛然と語り始めて度肝を抜かれたものだ。

トイレでは用を足すだけでなく、頭の切り替えと次のミーティングの脳内予習をしていたのだろう。

私がロンドンのマッキンゼーにいたころの恩人、ピーター・フリードマンは、これとはまったく逆だった。

彼はいかにも伝統的な英国風に紙の手帳と万年筆でスケジュール管理をしていたが、予定はつねに午前に1件、午後に1件しか入っていなかった。非常に優秀な人で、1週間に10件しか予定を入れずに多くのプロジェクトで大きな成果を出していた。

「一つの案件で1週間に何度も議論する必要はない。1週間か2週間に一度でいいから、2～3時間とことん議論しよう」

これがピーターの考え方だった。

こういうスタイルは一見ゆったりして見えるが、俯瞰的にプロジェクトを眺めて、数週間のスパンで要所を見極め、その要所について深く考え、議論していく能力が求められる。一方で、こまごまと予定をこなさなくて済む分ムダがなく、集中することもできるので、ピーターとしては生産性が高かったのだろう。

私はというと、一つの案件で1時間以上議論していても、議論の集中力が落ちてくるので、ミーティングの時間は最長でも1時間しか取らないという考え方だ。これは私の時間のフレームワークだ。

長さや中身は人それぞれでいいので、自分なりのフレームワークを決め、それを守っていくことだ。仕事の仕方に秩序が生まれ、自分のスタイルができていく。

あらゆることに基本時間を決め、スタートとストップを意識しよう。

「朝はなんとなくメールチェックから仕事をスタートする」という人は多いが、「メールの返事を書いていたら午前中が終わっていた」という話もよく耳にする。

だが、「8時半から9時までがメールチェック」と決めておけば、締め切り時刻を意識する効果で集中してさばける。返信に時間をかけるべきメールがあれば、これとは別に必要な時間を取って書くといい。なんとなく時間をかけるのではなく、あらゆる時間を意識的に管理するということがポイントだ。

着手にストレスがかかる仕事も、この方法で臨むのがよい。

その手の仕事としては「行きづまっている課題にクリエイティブなアイデアを出す」とか「新しいクライアントへの企画書をつくる」といった一人で考え抜く仕事や、「難しいクライアントと電話で交渉する」「込み入ったデータを他部門と共同で解析する」などがあげられるだろうか。スタートの時間を決めなければ、こうした仕事をなんとなく避けて雑用に逃げてしまうことも多いはずだ。面倒な仕事にも強制的に自分を向かわせ続けていれば、耐性ができて、ますます身軽に動けるようになっていく。

時間のフレームワークが決まっていれば、人からの突発的な割り込み仕事が入る余地も減る。上司からの依頼に対して毎回、「私のスケジュールはこうなので、できません」とは言えないだろうが、誰がやってもいいような仕事であれば、スケジュールをコントロールできている者のほうが摩擦《まさつ》なく対応できる確率は上がる。

いい努力をするには、「人に言われて働いている時間」ではなく、「自分の意思で動いている時間」を増やしていくことが大事だ。

最初は全体の1割しか自分のスタイルが実現できなくても、立場が変わったり、仕事で成果を出して他信を勝ち得ていくにつれて、1割が2割、2割が3割と自由度が増していくだろう。

47 時間管理の具体的ノウハウ

ミーティングはムダを削り、密度濃く

悪い努力＝ミーティングを資料説明の場としてしまう

私は「ミーティングは30分か1時間」にしていると話したが、基本は30分がいいと考えている。

前項で紹介したピーターのような人もいるが、まねをするのは難しい。

一回のミーティングはできる限り時間厳守で中身の濃いものにする。例外を除き、30分か1時間を原則とする。

例外というのは、アイデア出しのためのブレインストーミングや、とことん突っ込んで議論したいときなどだが、これらは毎週何度もする必要はないはずだ。

「ミーティングは30〜60分以上しない」と最初に決めたうえで、次のような手を打っていこう。

30分で済ませるには、設計と準備が大切だ。

ミーティングもフロントローディングで、「来週の水曜日にミーティング」となったら、まず、「①ミーティングの目的」「②期待される成果」「③そのためにどんな議論をするか」「④その議論をするにはどのような資料や準備が必要か」の4点を明確にし、ミーティングの設計をしてしまう。

この4点を押さえながら、事前に共有すべき情報は何か、そしてその場で議論すべき事項は何かなどを整理するのだ。

私は、「ミーティングをしたいので1時間ください」などと声をかけられたときは、何についてのミーティングか尋ねることにしている。それが顔合わせや情報共有などの漠然とした目的だったり、「1時間かけるほど複雑ではないな」と思ったりすると、「申し訳ないが30分にしてください」とお願いする。

とくに大企業では、ミーティングには厚い資料が必ずついてくる。そしてミーティングの最初の15分か30分がたんなる資料の説明になってしまうことがある。それも資料を読み上げながら中身を説明していくのだ。

マッキンゼーの内部では「日本語の読み書きに不自由はないよ。書いてあることを読まないでほしい」とはっきり言い、資料の読み上げはNGにしていた。

人間はたいてい音読より黙読のほうが速い。

だから資料を読んだうえで行うべき議論であれば、先にメールで資料を共有してからミーティングという流れにすべきだ。

メールで送るのは差し障りがあるときや、事前の送付が間に合わない場合は、最初の数分、黙読する時間にしてもいい。それでも読み上げよりははるかにましだ。

〝朗読サービス〟は、誰も喜ばない「丁寧さ」によって参加者全員の時間をむやみに奪う悪い努力だ。

提案がクリアで自信があれば、資料は最小限で済む。「なぜこの案がいいか一言で説明して」と言われて答えられないから、厚い資料で武装するのだ。資料の多さが提案内容の完成度の低さを物語っていることも少なくない。


また、ミーティングの前に目的をはっきりさせて、他の参加者と共有しておくことは必須だ。

そのミーティングは「情報共有」が目的なのか？

「複数の案から絞り込むための議論をする」のが目的なのか？

「具体的な提案を承認するかどうか判断する」のが目的なのか？

あなたがミーティングへの参加を依頼する立場なら、事前に相手にそれをはっきりと伝えるべきだ。依頼された立場なら、事前に相手に聞く。

そうすれば、「新製品のデザインについての議論であれば、既存製品の売上推移のデータは絶対必要ですね」などと確認ができる。

情報共有が目的なら、「そもそも、メールで済みそうですね」となることもあるだろう。「ミーティングは30分」と決めると、だらだらと資料の説明をしたり、ポイントのずれた経験談などの余談をしたりする余地がなくなる。

仲間同士での雑談や余談、経験談の共有なども大事だとは思うが、なにもミーティングの場でする必要はない。

資料説明や余談を排除できれば、ほとんどの場合、30分か1時間で十分な議論ができるだろう。時間が短くなるだけでなく、集中できる分、議論も濃くなるはずだ。

多くのビジネスマンが「会議が多いせいで時間がない」と言っている。実際、ミーティングばかりで何もできなかったという日も多いはずだ。個人でやる仕事では効率を考えている人も、ミーティングの時間は「しかたがない」とあきらめていることも多いだろう。

だが、ここで毎日30分よけいに時間がかかっているとしたらどうだろう。1週間、1か月と考えると、その無意味な時間にどれだけのことができるか。上司が中心となってやっている定例の会議など、自分ではどうすることもできないものも多いだろうが、せめて自分がコントロールできるミーティングでは改善を進めたい。

48 ― 時間管理の具体的ノウハウ

「打ち合わせのシナリオ」を用意する

悪い努力＝まずは会ってみて考える

顧客との打ち合わせなどにも、ムダに多くの時間を割いている人が多い。

ひと口に顧客との打ち合わせといっても、さまざまな目的がある。

契約成立を目的とした商談、進行中の取引きで生じた問題点の討議、情報交換、人間関係づくり。

こうした打ち合わせについても、ミーティングと同じように、「①目的」「②期待される成果」「③そのためにどんな議論をするか」「④その議論をするにはどのような資料や準備が必要か」の4点を明確にしておこう。時間はやはり多くの場合、30分か1時間が適当だ。

打ち合わせの目的が商談や人間関係づくりの場合、一度会っておしまいとはならない。営業をしている人ならよく知っているとおり、何回か会っていく流れの中で物事が決まっていく。

だから単発の打ち合わせではなく、最終的なクロージング（締め）に向けてシナリオを用意しよう。初対面で名刺交換をしてから打ち解けるまで、あるいは新製品の説明をはじめてから契約成立まで、何回かある打ち合わせを一つの流れと考えるのだ。

「この打ち合わせは全体のシナリオの中のこの部分だ」と考えると、時間を有効に使えるし、気持ちの焦《あせ》りもなくなる。

「全部で5回会うとして、今回は製品の特性だけ知ってもらえばいい。コスト削減につながる話は次回にまわそう」と思えば、話が凝縮されてわかりやすくなるし、準備も適切なものになり、打ち合わせはダラダラと長引かない。

実際は「想定したシナリオは5回だったが、4回で契約できた」「あと3回延長したほうがいい」という調整が必要となっても、最初にシナリオを考えておいたほうがいい努力ができる。

会社として付き合いがない企業の人と新たに人間関係をつくりたいこともあるだろう。コンサルタントにとってそれは大切な仕事だし、事業会社でも頻繁に起こることだ。

ビジネスマンであれば、「この会社と関係ができれば将来的にビジネスになるかもしれないし、ビジネスにならなくてもさまざまな協力関係ができるかもしれない。情報交換だけでも価値がある」と思うのは当然だ。

しかし、どんな大企業でも、新規の相手と関係をつくることは難しい。

最初から人間関係づくりが上手な人が10人に1人ぐらいいるが、それは天性の能力で、他人が真似できる類いのスキルではない。10人中9人は、人間関係づくりに苦労している。そんな人に役立つのも、シナリオづくりだ。友だちになるのでも恋人になるのでも、たいていの人間関係は単発ドラマではなく連続ドラマだ。

ドラマであるからには、起承転結がある。必ずしも着々と親しくなっていくわけではなく、途中で崩れたり、停滞したりする。

ビジネスで人間関係をつくる際も、「何回くらい会って、自分のつくりあげたい関係にたどりつくことを目指すのか」と考えておこう。途中には必ず進展がないムダな回も出てくるはずだが、それも想定に入れておくべきだ。

ただし、「進展がないムダな回」は自分のシナリオとしての話であって、相手にそれを共有させてはならない。「この人と知り合いたい」とあなたが思うような相手は、それだけの価値がある人で、多忙な中、時間をつくってくれているのだ。時間を取って30分話をした挙句、「何しに来たんだ？　時間のムダだった」と思われると次がない。シナリオが完結しないまま、ドラマが打ち切りになってしまう。

とくにコンサルタントの場合、相手は多忙な経営者であることが多く、「コンサルタントに会うからには、何か新しい知識を得られる」と期待されていることがほとんどだ。手ぶらでも、「こいつと話していると意味があるな」と相手に思ってもらう必要がある。これはハードルが高いが、チャレンジする甲斐《かい》があることだ。

「この人は会う価値がある」と思ってもらうためには、教養がものをいう。

マッキンゼー時代の先輩、横山禎徳《よしのり》さんは多くの会社のトップに信頼されていたが、その理由は仕事の能力だけでなく、哲学から流行のマンガ、クラシックからロックまで語れる知識の豊富さにあった。「横山さんと話すと面白い」と多くの経営者に言わしめたのは、たんに知識を披露するのではなく、流行の話題をネタにしながら経済や経営について新鮮に語れたからだ。

私自身はマッキンゼー時代、部下や後輩に、人間関係づくりのアドバイスとして、「おいしい食事をしなさい」と勧めていた。そのとき、奮発してミシュランの星つきクラスにするか、普通では予約を取れない店を頑張って押さえれば、頂いた時間に対する最低の見返りと感じてもらえることが多いだろう。食事は一例で、「何かしらの価値を残す努力をしよう」ということだ。

「会ってよかった」と相手に思わせるためには、日々の積み重ねが効いてくる。教養を身につけるにも、いいレストランを知るにも、日頃から時間をうまく使い、幅の広い行動をしておくことが鍵となる。

49 時間管理の具体的ノウハウ

早く帰ることで「仕事の筋肉」を鍛える

悪い努力＝持久力に頼って長時間労働を続ける

本書の冒頭でも「残業について再考しよう」と述べたが、私はこれまで、「とにかく若いうちは早く仕事を済ませて早く帰れ」と長年言い続けてきた。これは、スポーツのトレーニングと同じ発想に基づいている。

若いうちに仕事を早く終わらせるクセを身体に染み込ませておかないと、歳を取ってから苦労する。仕事のスピードは、長いあいだ経験を積んでからでは速くすることができない。

最初から「とにかく短い時間で終わらせる」という仕事のスピードを身につけていないと、中堅になってもベテランになっても遅いままだ。

ところが実際には、人は若ければ若いほど残業をする。最初は誰でも慣れていないし、作業的な仕事が多い。作業的な仕事は時間をかければかけるほど多くの成果が出るし、若ければ体力もある。こうして残業がえんえんと続き、帰りは夜中ということになる。マッキンゼーもそれは然《しか》りで、日付が変わるまで会社にいる若手も少なくなかった。
力ずくで強引に「早く帰る」と決めない限り、このループは終わらない。

仮に、真夜中まで残業するクセがついていた若手社員が、「どんなに遅くても夜9時には帰る」と決めたとする。

最初は死にものぐるいでやっても9時が精一杯かもしれない。だが少し経つと、死にものぐるいにならなくても9時に仕事を終えられるようになる。そのままだと仕事のやり方にゆるみが出てくるから、今度は8時に帰ると決める。そして次は7時に帰るようにするなどとしていけば、徐々に仕事のスピードは上がっていく。

これは仕事におけるフィジカルの強化ともいえる。

スポーツ選手はキックでどのくらいボールを飛ばせるか、何秒で100メートルを走れるかなど、若いときに徹底してフィジカルを鍛えている。フィジカルは技術やフォームの土台となるもので、生涯にわたって影響してくる。ビジネスマンも同じように、日々の仕事をどのくらいの時間で終えられるか、若いときに鍛えておくべきだ。

長時間働いていると集中力も思考力も乏しくなり、生産性が落ちる。また、年齢とともに体力は確実に落ちていくものだから、若いうちから早く仕事を済ませて早く帰るクセをつけることにチャレンジすることが大切だ。

50 時間管理の具体的ノウハウ

1週間に一度、「流れ」を止める

悪い努力＝同じペースでひたすら働く

1週間に一回、仕事の流れを止めよう。

普段の仕事から「ステップバック」（一歩遠ざかる）して、全体像を眺めるのだ。たとえば、直近1週間のスケジュールをじっと眺めてみる。

「いまの仕事の進み具合はどうなっているだろう。このまま進めたらいつどういう結果になるだろうか」

スケジュールをざっと見ながら、立ち止まって考える時間を持つ。

毎週「日曜の夜」、あるいは「月曜の朝」、「金曜の夜」には必ず、という具合に、自分に合うタイミングを選び、決めてしまおう。

長い時間を取る必要はなく、10分か15分でもいい。どんなに多忙な人でも、これくらいは捻出《ねんしゅつ》できるはずだ。

「立ち止まって考えたことなんてない」という人は、思考のためのちょっとした時間が持てないほど忙しいのではなく、日々の時間の流れに追われているのだろう。
これではフロントローディングもステイアヘッドも難しい。
だから、そういう人も、まずはこのステップバック、つまり立ち止まって考える時間を取ることから始めてほしい。

私のステップバックは、毎週日曜の夜に、それぞれの仕事の納期と作業プランを見直し、個々の仕事の鍵となる部分の仮説を紙に書き落とすことだ。

これはかれこれ20年以上続けている。

その結果に基づいて、やらなければいけないことを書き出したり、やることの順番を変更したりする。また、いちばんやっかいな仕事の進捗と、これからの見通しや落としどころは現時点でどうなっているかを把握する。

「最初に決めた目的に向かって、着実に課題に対する解が見えてきているか？」
「これから数週間で大きなヤマはどこにきそうか？」
「いちばん難しい問題解決に対して、いま行っていることはどのような位置づけになっているか？」

立ち止まってチェックすることで、近視眼的になっている視野を広げ、仕事をより大きい絵のなかで見直すのだ。

たったこれだけで後手に回ることが少なくなる。手がけている仕事について、「目的かららずれている」とか、「今週の仕事の優先順位を変えたほうがいい」などと、落ち着いて現状を把握できる。

状況を把握し、問題点が見えてきたからといって、必ずしもすぐに解決できるわけではない。

だが、状況がわからないままもがき続けて「結局ダメだった」となる前に、気づくことが大切だ。気づけば、何らかの手は打てるのだから。

「目の前の仕事をとにかく必死にやる」というのは、仕事に管理された働き方だ。いい努力をするには、何をどの順に押さえていくべきかを把握して、そうした全体観の中で個々の仕事を進めていくべきだ。

51
時間管理の具体的ノウハウ

「関係ないこと」にも時間をかける

悪い努力＝効率重視でムダをすべて排除する

「この人こそ、生産性の高い深い思考ができる人だ」

つくづくそう思うのは、先にも触れた、先輩コンサルタントだった横山禎徳さんだ。マッキンゼーでも、飛び抜けた発想力があり、思考の複雑さと完成度は群を抜いていた。元建築家という異色のキャリアだが、何度も線を引いてデッサンを重ねるような思考スタイルの持ち主だ。

横山さんから私は、クリエイティビティとリソースフルネスについても教わった。

創造性に優れた建築家は数万人に一人しかいなくて、ほとんどの人は「どこの誰がこういうことをやった」というリソース（知的資源）を使い、それを組み合わせて新しいデザインを生み出している。ゼロからぽんと発想できる人は一握りだから、広く深い知識を持つことが大切だという話だった。

横山さんは私たちの倍以上のスピードで本を読む人で、ありとあらゆる本を読んでいた。

ジャンルは幅広く、脳科学や思想などの固い本も読むし、本棚にマンガの単行本がずらりと並んでいることもあった。

そうした幅広い教養が仕事にプラスになっており、遊びと仕事の境界がなくなっている。一見〝関係ないこと〟に時間をかけ、より広い知識をたくわえ、より深い思考をしている好例だった。


横山さん以外にも、マッキンゼーには、一見ムダに見えるような時間の使い方が非常にうまい先輩や友人がいた。

私が若手パートナーだった時代の恩人であり、ロールモデルだったロンドンオフィスの大先輩は、毎日夕方になると仕事を切り上げ、ロンドン中心部のあらゆる流行のレストランで、仕事とは関係ない人たちとおいしい食事とワインを楽しんでいた。

そうした積み重ねが誰も真似できないようなネットワークを築き上げていたし、また、あらゆる情報が彼の頭にインプットされ、それらが時を経て熟成しブレンドされ、誰も真似できないようなユニークな発想を生み出していた。

また、ある友人は複数の趣味を大事にしているが、彼がそうした趣味にのめりこんでいく姿はコンサルティングワークのときと同様であり、どんなに仕事が忙しくても、一つの趣味にとって重要なタイミングになるとパッと仕事をストップし、その趣味に120％没頭する。このメリハリの利いた生活こそが、高い生産性と大胆なアイデアの土壌となっている。

おそらく、そうした趣味に集中しながらも、次の仕事のヒントとなるような新しい情報やアイデアを学んでいるのだと思う。

〝一見ムダなこと〟をすることによって思考に幅が生まれ、優れた判断ができるから、時間にゆとりが生まれ、成果も出る。

時間にゆとりが生まれれば、さらに考える時間や知識をたくわえる時間、自分の幅を広げる時間が生まれる。

成果が出れば自信と他信が手に入り、ムダに見える時間の使い方も周囲に認められて好循環となる。

これはたんなる効率性の追求からは決して生まれない働き方だ。

関係のないことをするのは一見効率が悪そうだが、あえて時間をかけることで、人とは違った発想と成長を手に入れることができる。

「自分はムダなことをしているのでは……」という不安に耐える胆力が必要だが、これは幅広く深い知識を身につけるために、ぜひ真似してほしい「努力」だ。

52 時間管理の具体的ノウハウ

時間ができるたびに「外」に出る

悪い努力 ＝ 社内でデスクワークばかり続ける

会社のデスクに貼りついてばかりいたら、決していい努力はできない。

毎日深夜まで社内で残業する人は、仕事のスピードが上がらないばかりか、質もあまり上がらないおそれがある。会社以外のことに疎《うと》くなったら、高い成果は生まれなくなってしまう。

あなたの仕事がメーカーであれ金融であれサービス業であれ、世間と関わらない仕事はない。会社にずっと貼りついている時間によって、世の中を見る時間を捨てていることを忘れてはならない。アイデアのリソースは「外」にたくさんあるのだ。

日中、会社にいると、時間が空くことがある。そんなとき席でパソコンに向かってはいないだろうか？

パソコンがあればリサーチもできるし、最新情報も入手できる。だが、それはあくまでもウェブの情報に過ぎない。

空き時間があれば外に出よう。外に出て、現場を見たり顧客を訪れたりして、一次情報に触れにいこう。この行動が、あとあと仕事の質を変える。

多くの人が、デスクワークをしなくていいときにも外に出ない理由は二つある。

理由その一は「心理的抵抗」で、サボっているように見える、というものだ。あまり外出が多いと、「あいつ、ふらふら外ばかり行って何しているんだ」などと思われてしまうかもしれない。

理由その二は「〝自分の場所〟にいたほうが心理的にラク」だからだ。

未知の場所や慣れない場所に踏み込んでいくよりも、慣れた場所にいるほうが気楽だし落ち着く。いつも会社にいて、「会社の居心地がいい」などと言って自分の席で長く残業する人もいるが、この行動パターンで働いているとデスクワークの能率も上がっていかないし、アイデアのリソースも枯渇《こかつ》していく。

もちろん、会社にばかりいる人も、空き時間に机に向かってサボっているわけではないだろう。いろいろな企業のホームページや有価証券報告書などの資料、業界の経済動向などをパソコンで調べているかもしれない。

だが、そうやって〝書かれた情報〟から漠然と拾った知識だけでは頭の中の質量は増えていかない。ひらめきや読みは生まれにくい。

社内にいてパソコンに向かっていると働いている気がして、自分としては安心なのかもしれないが、それはあくまでも仕事をしている〝感じ〟に過ぎない。

いずれの理由にしろ、じっと会社にいてラクをしていると慣れが出てくる。慣れによって仕事の多くがルーティン化すると、生産性は落ちていく。


マッキンゼーで小売業、アパレル、消費財メーカーなどのコンサルティングをしているとき、私は自分のチームのメンバーに、「月曜から金曜のうち最低1回は、外でゆっくり夕食を取りなさい」と言っていた。

当時は夜中まで働く風潮が強く、若いコンサルタントたちは連日、「仕事が忙しいから」とオフィスの近くでサッと食事を済ませたり、オフィスでお弁当を取ってミーティングしながら食べたりしていた。

そんな彼らに私は、「早めにオフィスを出て、買い物をしてから家に帰って自炊してもいいし、学生時代の友だちと食事してもいい。一人で酒を飲むというのでも構わない。世の中に触れていなかったら、消費者の好みやニーズもわからないし、小売りのアイデアも出るはずがない」と話していた。

意識的に外で食事するようにしていると、大切なクライアントと会食することになったとき、おっと言わせる気の効いた店のリストをつくることもできる。

日中、外に出て〝現場〟を見てくるのもいい。

コンサルタントにとって現場というとクライアントの会社や事業所だが、どこにも、どんな仕事にも現場はある。

小売業であれば、店舗がまず現場だし、お客さまが商品を使っている場所も現場だし、商品を実際につくっているメーカーの工場も現場、競争店も現場だ。お客さまは店舗内だけでなく、ありとあらゆるところにいるから、駅も繁華街も現場になる。

現場をふらりと訪れ、視察するのもいい。もう一歩踏み込んで、アポを取って話を聞くのもいい。タクシーの運転手さんに話を聞いてもいい。

身体のフットワークと頭のフットワークのよさは比例する。

机に向かってじっと考えてポンポンとアイデアが出る人も中にはいるが、多くの人は手と足を動かすことで頭も動く。

哲学者や思想家でさえ、思考のために散歩をしたりするのだ。時間を見つけては、外に出て動き回って、思考を活性化してほしい。

53 時間管理の具体的ノウハウ

「カラフルなスケジュール」で動く

悪い努力＝代わり映えしないスケジュールで行動する

いい努力ができているときは、時間の使い方にバラエティがあり、いろんな行動を取っているものだ。また、それぞれの行動にかける時間にメリハリが利いていて、集中して考えたり作業することもできる。

いろんな人との出会いやさまざまな行動から刺激を受けるから、緊張感があると同時に充実感もある。

これまでとこれからの行動をざっとスケジュール帳で見わたしてみてほしい。

同じような予定ばかり入っていたり、同じような行動ばかりしてはいないだろうか。

月曜から金曜まで、朝から夕方まで、行動が同質化していたら要注意だ。

「最近、会議ばかりやっているな」「デスクワークばかりだな」と感じたら、外出する予定を意識的に増やすことだ。

社外の人との打ち合わせを入れる、現場を見に行くなど、外向きの行動をスケジュールに入れる。

逆に「外でのアポが多くてろくに会社にいない」と感じたら、ちょっと立ち止まって作業や議論をする時間が必要かもしれない。社内にいる時間を確保し、スケジュールに入れよう。

マッキンゼー時代、クライアントにも勧めていたのだが、「会議」「デスクワーク」「顧客訪問」など、一度、予定の種類別にスケジュール帳を色分けしてみてほしい。

生産性の高い人はがちゃがちゃといろんな色のいりまじったスケジュールになる。同じような色でベタッと塗りつぶせてしまうなら、仕事の仕方を考え直すべきだ。仕事の進め方が惰性《だせい》になってはいないだろうか。

ときには自分のデスク、ときには現場、ときにはミーティングルームなど、物理的に移動することを意識しながら、メリハリの利いた行動をしよう。

第4章

いい努力を進化させる

自分を「成長」させ続ける行動法

54 一段上へのレベルアップ

早さと速さの「スピード」を上げる

悪い努力＝ルーティンに時間をかける

「早さ」と「速さ」の両方が、いい努力のためには不可欠だ。

「早さ」について言えば、人より先に動くようにする姿勢が、自分の行動を早くする。誰よりも早くスタートを切る先進性を持とう。

「速さ」については、先にも述べた通り、時間を限って仕事をしない限り、スピードは上がらない。トレーニングを重ねないと足は速くならないのと同じことで、仕事もスピーディにやり続けなければ、いつまでたっても遅いままだ。

「早さ」と「速さ」の双方を意識して、先進的かつスピーディに働いていると、早さと速さが相乗効果で上がっていく。

コンサルタント時代、「速さのプロジェクト」という仕事を手がけたことがある。クライアントはとある大企業A社で、「組織全体のスピードを上げる」という取り組みだった。

第一に業務の取捨選択、つまり不要な仕事を仕分けして、第二にBPR（ビジネス・プロセス・リエンジニアリング)、仕事の流れの改革をした。たとえば製品開発などで、これまでは最後にやっていた品質確認をプロセスの早い段階に持ってきてやり直しを削減するとか、順番にしていたことを同時並行でやるようにするとか、そういったことだ。

ポイントは第三の取り組みで、A社の主要部門の業務すべてについて一つひとつ洗い直すことにした。まずは当該部門に若いコンサルタントを1週間配置して、社員の働き方をひたすら観察した。すると、ルーティンで処理できることを、重要な仕事のように時間をかけてやっているケースが多いことがわかった。これでは組織全体のスピードが上がらなくてもしょうがない。だが、これは多かれ少なかれどこの職場でも起きていることだ。

では、なぜそんなことになるのか?

一つの理由は、誰も自分たちが一生懸命やっている仕事がルーティンワークだとは認めたくないからだ。だから放っておくと、どんな仕事をしている人も、自分の仕事がいかにも難しい仕事であるかのように時間をかけてしまうようになる。

あるいは、本当に時間をかけなければこなせない難しい仕事から逃げるために、ルーティンでできる仕事にエネルギーを費やしているということもある。

これは早さと速さに逆行するケースだ。

負荷のかかる仕事への着手が遅くなれば、それだけ自分を鍛える機会も減る。これでは早さも速さもいつまでも上がらない。

55 一段上へのレベルアップ

要所に「早く強く」働きかける

悪い努力＝いろいろと気にしてもたもた頑張る

戦国時代の武将は、「ここを攻めれば落ちる」という場所を見極めて戦略を練っていた。要所となる町、突破口となりそうな城、優れた武将が率いる軍など、敵のどこを攻めれば勝ちにつながるかを考えたのだ。

仕事は戦いではないが、目的を達成しよう、業績を大きく向上させよう、構造変革を成し遂げようと思ったら、要所は何かを見極めること、つまり、重要課題を的確に見つけて絞り込むことが重要だ。

成果をあげるには「あれもこれもやらないと」と思うかもしれないが、全部に手を出すことはできないし、たいして効果がないところを攻めていたらその分の時間がムダになる。また、「ここを攻めれば落ちる」という要所がわかっても、ぐずぐずしていたら攻める前に敵が防御態勢を整えてしまう。要所には素早く一気に働きかけなければ意味がない。

仕事においても、「これが重要課題だ」と見極めたとしても、時間が経てば状況は変わる。状況も人も組織も動いているのだから、素早く働きかけることだ。

さらに、スピードがあればOKというわけではなく、「要所」に「強く」働きかけることが大切だ。

「この話を通すなら、常務を落とせばいい」と要所を見極め、スピーディにアポを取っても、いざミーティングが始まったときに説得できる力がなければ交渉はまとまらない。攻めるべき城に素早く駆けつけても、弱い勢力では勝てないのと同じことだ。

「要所」を見つけ、「素早く」「強く」働きかける。この三つのポイントを実行できるかどうかは、スキルとフィジカルとマインドセット（心構え）の組み合わせで決まる。

「要所を押さえられる人」は、スキルもあるが一つに絞れる心の強さがある。「素早く働きかけられる人」は、仕事の基礎体力としてスピードがあるし、他の要因に無用に惑わされない。「強く働きかけられる人」は、うまく交渉したり根回しをしたりといったスキルもあるが、「説得したいけれど、これ以上粘って嫌われないかな」とか「最終的にノーと言われたらみっともないな」といったためらいがない。

三つのポイントには、自分の能力をフルに生かせるかを決める「自分との戦い」があるのだ。要所を落として目的を達しようと思うなら、自らの決意を整える必要がある。

56 一段上へのレベルアップ

「仕事の設計図」をつくる

悪い努力 ＝ 先行きを見通すことなく、個々の仕事を手がけていく

一つひとつの検討や作業を精一杯のスピードで進めているのに、途中で振り返ってみると、すごく時間がかかっていて、結局仕事全体の進捗は遅い、ということがある。また、順調に進んでいたのに、ある時点で壁にぶつかったかのようにさっぱり進まなくなってしまうこともある。

どちらも、その仕事の設計図が正しく描かれていないからだ。

たとえば、あなたが大型新製品の導入キャンペーンを企画するチームのリーダーになったとしよう。

新製品導入は3か月後だ。

まず、営業企画、宣伝、販社管理などの関連部門のメンバーを集めて議論を始めることにした。しかし、どうも各自が新製品に抱くイメージがバラバラで、どの程度の予算をかける導入プランにするかも議論百出となり、ミーティングを繰り返しても収斂《しゅうれん》していかない。

そうこうしているうちに、先週の経営会議で社長が「あの新製品の打ち出し方は○○みたいなのがいいんじゃないのか」と発言したという話が舞い込んでくる。「そういえば、広告代理店はどこにするんだっけ？」と営業本部長から質問された。営業本部長の好みは××だとか、△△は以前評判が悪かったとか、外野情報も氾濫《はんらん》してくる。

製品開発本部からは「大型新製品と期待されるだけの技術革新が盛り込まれているんだから、導入キャンペーンは……」という注文もあるようだ。そんなバタバタが続いているうちに、最初の1か月は過ぎていた――。

以上は、仕事の設計図が正しくない、もっと言うと設計図がないに等しい典型的な例だ。3か月後に大型新製品の導入キャンペーンを成功させるためには、どういう仕事の部品が必要で、それらをどう調達し組み立てていくのか。

それをはじめに描かないといけない。

新製品の基本コンセプトや差別化要素の明文化、それを証明する技術データ、新製品の販売目標と経費予算、キャンペーンを企画・実行する際に必要な外部の支援とその候補者リストなど、さまざまな重要部品があるはずだ。

これをどの順番でどのようにつくり上げていくのか、それらがどのように組み合わさって導入キャンペーン企画としてできあがるのか、まさに設計図を描くのだ。

仕事の設計図とは、どういうアプローチでその仕事を成し遂げるかを決めるものだ。

これを描いたら、次はそれぞれの部品となる検討の責任部門を決め、個々の検討をいつ始めいつまでに終えるのかというスケジュールに落としていく。

その際に、各部品間の関連性を考えて検討作業の順番に反映しなければならないし、それぞれの検討に必要な期間も推定する必要がある。

もちろん個々の検討に不確定要素はつきものだが、それでもいつまでにどんなアウトプットが出ていなければいけないかだけは明確にしておく。

全体の段取りが明確になっていれば、それぞれの検討責任部門にも説得力をもって締め切りのプレッシャーをかけられる。

57 一段上へのレベルアップ

「ヒドゥンアジェンダ」を捨てる

悪い努力＝「裏目的」の達成に労力を費やす

当然ながら、仕事は速ければいいというわけではない。

では、スピーディに質の高い仕事をするにはどうすべきか。

一つの方法として、それぞれの仕事の目的をできる限り単純化するということがある。

先に、上から指示を受けた場合、その目的を正確に見極めることが重要だと述べたが、ここで言いたいのは、自分で考えている目的も正確に見極めようということだ。

たとえば、「今期は自部門の売上を1・2倍にしよう」という単純すぎるほど単純な目的だったとしても、それは表向きの目的が一つに絞れているというだけだ。

「売上を最大化するには、新製品のセールスに注力するのがベストだ。だが、部長は定番商品の再生にこだわっている。部長の目を考えると、ある程度、定番商品にも力を入れたほうがいいかもしれない」

「売上目標を達成するには、営業二課と協力したほうがよさそうだ。でも、そうすると将来的にはうちの課のクライアントを営業二課に取られるかもしれないが、それは避けたい」

このように、一つに見える目的の下には、

「あの利益を獲得し、このリスクを回避し、既得権も手放さず、あの人の顔を潰さないようにし、この人に評価されることをしよう」

といったたくさんのヒドゥンアジェンダ（隠れた動機）がひそんでいるものだ。

ヒドゥンアジェンダは〝表目的〟に対する〝裏目的〟のようなものだ。

すべて同時に達成しようとしたら、それらを同時達成するルートは見つからず、ゴールにスピーディに到着できない。複数のことをジャグリングしている状態に陥るので、生産性の高い行動にならないのだ。


目的を単純化するにはヒドゥンアジェンダを捨てること、つまり腹をくくることだ。

「あっちもこっちもうまくやりたい」というのが人情だが、いちばん大切な目的は何かを考えよう。

もしかしたら、自分の本当の目的は「売上の最大化」ではなく、「上司からの評価を得ること」や「長期的に自部門の収益力を強化すること」なのかもしれない。それならそれで、やるべきことは変わってくる。

だが、ともかく今年は自部門の売上を1・2倍にするんだということであれば、そこにまっすぐ向かうのが速い。

ヒドゥンアジェンダを抱えたまま行動していると、どこを目指して走ればいいのかが曖昧なので、思い切りのいい打ち手を打てない。であれば、出せる成果もそれほど大きくはならないだろう。

「いったい自分は何にこだわっているのか」と自問して、捨てるべきものはなるべく早くなるべく多く捨ててしまうことだ。

58 一段上へのレベルアップ

「正しい相手」から「正しい力」を借りる

悪い努力＝力を貸さず、力を借りない

まわりに協力をあおげない組織風土は、いい努力の壁になると先に述べた。

自分ひとりで行動していても、大きな仕事をすることはできない。より大きな成果を生み出すには、レバレッジを活用することが必要なのだ。自分にはない能力、資産、視点、ネットワーク、経験などを人から借りて活用しよう。

はじめに〝What〟と〝From Who〟を正確に把握しておかないと、レバレッジはうまくいかない。仕事の目的を明確にしたうえで、「誰の」「何」を活用したいか明確にすることだ。

「目的の達成に絶対に必要だが、自分では埋められないもの」は何だろう？　それが何かわからないまま他人の力を借りても、効果は確かではない。目的を把握していても、借りるものがズレていたらダメだ。何を借りるべきかを知っていても、借りる相手を間違えたら意味がない。

たとえば、この目的を達成するには「財務のプロからの、税務上のインパクトに関するアドバイスがいる」と〝What〟と〝From Who〟を決めるとする。このとき、このWhoは具体的に誰になるのか、正確に見極める必要がある。

シンプルに考えると、会社の財務の責任者である本部長のAさんに聞くのが筋かもしれない。だが、役職としてはそうでも、Aさんは総務畑出身で、必要な税務知識に関しては部長のBさんのほうがはるかに詳しいということもあり得る。Aさんに一度相談してしまったら、あとからBさんにも相談するのは失礼になりそうだ。いきなりBさんに聞くのも角が立つかもしれない……。

これはよくあるケースで、レバレッジをかけようと〝Who〟を考えるとき、たいていの人は上下関係や組織の暗黙のルールに縛られる。

こんなとき、「どうやったらAさんの機嫌を損ねずにBさんに相談できるか」ということを考えあぐねて、Aさんに話を聞きに行ってしまう人も少なくない。

しかし、ここで最も重視すべきは、「正しい相手は誰か」ということだ。

組織上の役割や人間関係などを気にしすぎて、Whoを間違うと満足な成果を得られない。Whoさえ定まれば、具体的にどうするかについては、上司や財務部の知り合い経由で話を持っていくなどいろいろなアイデアが出てくるはずだ。

〝What〟と〝From Who〟がわかっているのに、レバレッジがかけられないケースもある。

理由は単純で、他人の力を借りることに慣れていないのだ。

営業部で顧客向けのウェブサイトをつくるとして、

「Cさん、ウェブサイトの制作会社を探してくれませんか。若い人はウェブに詳しいだろうから」

などと指示を出すような上司がいたら、自分でレバレッジを活用することに慣れていないのかもしれない。

正解は部下への指示ではなく、宣伝部なり広報部なり、ウェブサイトに関する知見を持っていそうな他部署の人間に声をかけることだ。知識の豊富な他部署をレバレッジして情報をもらったほうが成果に結びつきやすい。

これはメンツの話ではなく、慣れの問題だ。とくに役職が上になってくると、部下への「指示」は出せても、部下以外を「活用する」ことが苦手になってくる人は少なくない。

レバレッジに慣れるには、フットワークの軽さがポイントだ。いつでも柔軟に頼んだり頼まれたりしていないと、いざというときにもレバレッジがかけられない。

また、自分に知識や能力がなければ誰ものを頼んではこないだろうから、知識やスキルにおいて得意分野をつくるように意識しよう。そして、いつでも「いいよ、手伝うよ」という、レバレッジされることへのフットワークのよさを持つことだ。

自分の仕事で手一杯のときに人の仕事をするのは面倒だろうが、人から頻繁に頼まれるようにならなければ、人にフットワークよく頼めるようにもならない。

これは年齢が上がれば上がるほど難しくなるので、できるだけ若いうちから、頼んだり頼まれたりする習慣をつけていくべきだ。トレーニングをして身体の可動域を広げるような感覚だ。

ある程度実績ができて役職が上がってくると、「自分は偉い」と錯覚してしまう人もいる。そういう人の中には、「俺に頼むんなら、君ではなく、君の上司が来るべきだ」という〝肩書き主義〟に陥る人もいる。

実績が権威を生み出すのはよくあることだが、放っておくと「レバレッジされないし、自分でもレバレッジできない人」になってしまう。

「あの人はすごいけれど声をかけにくい」という〝大御所〟になってしまうと、たとえある分野の社内の第一人者になることはできたとしても、それ以上は伸びないだろう。

優秀な人であればあるほど、レバレッジ「する」ことと「される」ことを意識すべきだ。

59 一段上へのレベルアップ

「こだわり」の部分をつくる

悪い努力＝すべてスムースに進めようとする

同じスペックで同じ品質の製品を同じペースでコンスタントに生み出す機械は、安定した仕事をするいい機械だろうが、多くの人の仕事では、それだけでは不十分だ。より重要な仕事ほど、効率性の追求や安定した反復性だけにこだわると、アウトプットの質が上がらず、いい努力には結びつかない。だから、「この部分にはこだわる」「ここだけは手を抜かない」というものを持つように意識しよう。仕事のなかで「ここだけは絶対に手を抜かない」「きつくても時間をかける」というところを持つのだ。

こだわりは人によって違うから、正解はない。

ある優秀な経営者は、過去のデータや現状分析にこだわり、初動の段階で相当な時間をかける。たとえば新しい企画が立ち上がったとき、「以前に似たようなことをやってうまくいかなかった理由」やいまのトレンドを徹底的に分析、議論する。

別の優秀な経営者は、アイデアが一過性で終わらないよう、いかに仕組み化するかにこだわる。「どうやったらこのアイデアを5年間続けていけるか?」ととことん検討する。

またもう一人の優秀な経営者は、業界内の競争に強くこだわり、他社の動向の把握や自社との比較から戦略を生み出そうと粘る。

こだわりは、一つか二つ。すべてにこだわっていると何が大切かわからなくなるし、いいものができるとしても、時間がかかりすぎるのでいい努力にはならない。

ビジネスマンは芸術家ではないのだから、10年に一度ヒットを出すのでは許されない。「ここぞ」というこだわりを仕事全体のヘソ(核)にして、物事を進めていくイメージを持つことだ。逆に言うと、こだわりが何もないままスーッと進んでいったものは、大きな成果に至らないことが多い。仕事が妙にスムースに進んでいるときは、こだわりが欠けていないか考えてみてほしい。


こだわりとは、仕事のスタイルでもある。目指す成果のレベルが十分に高く、自分がそれを達成するにはどこが勝負どころになるかについて具体的なイメージを持っていれば、絶対にどこかしら「こだわりどころ」が見つかるはずだ。

見つかったら、誰に言われても、気が急いても、そこでは手を抜かないこと。

効率化できる部分は徹底して効率化し、こだわるべきところでこだわるための時間を確保することも大切だ。

60 一段上へのレベルアップ

「2・4・8・16の法則」で未来を見据える

悪い努力＝「いまの仕事」だけを過大視する

人は「過去、現在、未来」のうち、どこにフォーカスしているかで仕事のやり方が変わってくる。

過去への意識が強い人は、かつてうまくいったやり方を〝勝ちパターン〟として使い続ける。意思決定する際にも過去のデータを綿密に分析するし、失敗経験のある分野には慎重になる。また、上司に怒られるといつまでも落ち込むタイプの人もいるし、「同期より昇進が遅かった」「自分の評価は低い」とくよくよするタイプもいる。

過去の失敗は繰り返さないための事例として役に立つし、「大変だったけれど、最終的にはうまくいった」という自信の蓄積も、くじけそうな気持ちを支えてくれることがある。だが過去の〝勝ちパターン〟はいつまでも通用しない。まして、過去に根ざしたネガティブな気持ちを引きずりすぎると、新しいことに挑戦しにくくなってしまう。

現在へのフォーカスが強い人は、いまの仕事を一生懸命にやる。逆に言えば、いまの仕事の状況に一喜一憂していて近視眼的にもなり得る。「いまがすべて」と捉えてしまうと、「自分の責任範囲の仕事をまっとうすればそれでよし」となってしまう危険性もはらむ。そうなると、自分の成果の先に部の成果があり、それが会社にどういう成果をもたらし、お客さまにどう喜んでもらえるかという発想が欠けてしまうこともあるだろう。

現在に意識を置きすぎる弊害はほかにもある。いまの仕事を優先しすぎて、研修やセミナーに参加するなどの「自分の未来」への投資を後回しにしがちになるのだ。

マッキンゼーにはいくつかグローバルなトレーニングプログラムがあり、数か月から1年くらい前に申し込むのだが、いざトレーニングの時期が近づいてきたときに、従事しているプロジェクトが多忙のためにキャンセルするという若手も少なくなかった。

具体的には、「再来週のクライアントミーティングは欠席できなくなった」「プロジェクトが大詰めで、1週間抜けるなんてとても無理です」という類いが大半だ。本人がそう言う場合もあるし、「いま抜けられるとうちのチームもクライアントも困る」というプロジェクトリーダーの思惑によるケースもある。

「クライアント・インタレスト・ファースト」というのがマッキンゼーの理念の一つだ。「顧客の利害を最優先しろ」という意味だから、自分のトレーニングを犠牲にして、いま取り組んでいるプロジェクトに全力投球するのは、正しいように見える。だが、あくまでそう見えるだけで、私はこの考え方は間違いだと思っていた。

クライアントというのは、現在のクライアントだけでなく、将来出会うクライアントも含んでいるのだ。いま身につけておくべきスキルをマスターしていなかったら、将来出会う未来のクライアントに迷惑をかけることになる。どんなに現在のことが大事でも、必ず未来に向けて投資をしておかないと、自分も成長できずに後悔するし、これから出会う人たちにも貢献できなくなる。

いまの仕事だけに集中すると、現在進行中のプロジェクトでは評価されるだろう。しかし、それだけに固執しても意味がないし、半年ごとの会社の評価だけに一喜一憂していては大事なことを見失う。2年先、3年先に成長できていない損失は大きい。

そうならないためには、つねに継続的に成長していく意識を持つことだ。

未来を意識している人は、自分でどう成長していきたいかを考えている。個人としても仕事上でも夢や展望を持っているはずだ。

もう一つ付け加えると、仕事というのは必ずしんどいことがあるから、「いまはキツいけれど、来年はこうなる」という未来への意識がどこかにないと、気持ちが暗くなってしまうおそれもある。

仕事に過去と現在と未来がうまく並存しているといい努力になる。誰でも過去と現在は意識するだろうから、いかに未来への視線を組み入れていけるかがカギになる。

マッキンゼーの伝説的なコンサルタントに、ハーブ・ヘンツラーという人がいた。頭のよさはもちろんだが、いかにもドイツ人らしい強靭な身体と意志の強さを持ちあわせている人物だ。彼自身が実行し、私を含めて後輩パートナーたちにも勧めていたのが「2・4・8・16の法則」だった。

これは、つねに大きなクライアントを2社担当し、4つのプロジェクトをリードし、同時に8つの将来のプロジェクトについてクライアントと協議していて、さらには16くらいの将来テーマを議論していることを目指して、自分の活動を計画、実行しなさいというものだった。

4つのプロジェクトを満足のいくレベルでリードすること自体が大変なことだが、未来への種まきを考えると、それにとどまらず、つねにその先と先の先を考えて動くべきだというものだ。

言うは易《やす》しだが、大きなクライアントを2社抱えて4つのプロジェクトが進行していると、どうしてもいまの仕事で手一杯になってしまってなかなか未来への意識は持ちにくい。

だがヘンツラーは、それでも、あえてこれを意識し続けることの重要性を教えてくれた。相当きついが、できる限り見習いたい意識であり、理想的な仕事の姿だ。

第5章

人と一緒にいい努力をする

「最も大きな成果」を生み出す仕事術

61
チームの基本

チームで「生産性」を最大化する

悪い努力＝「一人の力」でできる範囲で努力する

一つの目的に向かって生産性の高い仕事をする有効な手段の一つが「チームをつくる」ことだ。ここで言う「チーム」とは、期間限定で結成するプロジェクトチームやタスクフォースと呼ばれるようなもののことだ。たとえば、

「新製品の導入を、『製品開発』『販売促進』『営業』『宣伝』などの複数部門横断で企画・実行するチーム」

「営業現場の視点から競争上必要な製品ラインナップの拡大を提案する営業マンのチーム」

「本社コストの削減アイデアを創出するための本社部門横断チーム」

「自社グループの長期的なビジョン案を立案するために、グループ各社から選抜した次世代リーダーたちのチーム」

など、皆さんの会社でもいろいろなものが存在しているだろう。

多くの場合、チームの活動期間は3か月から半年程度に設定されていて、対象の仕事の質が変わるときにはフェーズを切り替えて、メンバーを選び直すこともある。

一方で、会社で行われている大半の業務は継続性があり、また、同時に複数の目的やミッションを担っている。

そうした業務は、通常の会社組織の基本である「営業本部」「販売促進部」などのハコ型の組織をピラミッドのように組み上げた組織で行うことが適している。

継続性がある仕事はハコ型組織で行い、それを横断した取り組みを行ったり、複数のハコで共通の重要な目的に特化したプランを立案・推進する場合などには期間限定のチーム型で挑むという使い分けが基本だ。

チームをつくるきっかけは、「プロジェクトチームを組成する」という会社主導の場合が多いが、声をかけられるのを待っている必要はない。

あなたが自発的に「この仕事は4人のチームでやろう。うちの課のAさんと、隣の部のBさん、あとはITに強い人が1人必要だな」と考え、人を巻き込んでいけば、それでチーム結成となる。自分の部署や各部署の上長に話を通しておいたほうがいいこともあるだろうが、それはケースバイケースで判断すべきだ。

チームをつくればいろいろなものの見方が集まるので、取り組んでいる仕事を多面的に見たり考えたりできる。人はそれぞれ経験、情報、スキルなど、得意と不得意が違うから、お互いのダイナミズムがうまく機能すれば、チームとしての活動の生産性が上がっていく。一方向から一筆で描くのではなく、角度や明るさを検討しながら少しずつ線を重ねてデッサンを仕上げていくイメージだ。

いかなるスーパースターが単独でやるより、オールスターチームのほうが強い。

90年代にグローバル企業A社を率いていた会長は、ユニークなチームを組成してグループの重要経営課題に対処させた。世界各地域の各事業のトップたちをいくつかのチームに分けて、それぞれのチームにグループ全体の経営課題一つずつを割り当て、本業と兼務しながらその課題の解決案を立案、提案させたのだ。

A社の世界中の組織の中で最も優秀なメンバーがグループの最重要課題に取り組むのは当然だという発想に基づく試みである。

同時に、ともすれば対立しがちなライバルたちにチームとして機能することを学ばせ、さらに、A社全体の視点で考えることを植え付けるとともに、そうしたメンバーの中でも真のリーダーシップを発揮する人材を見抜こうという、非常に巧みな組織運営であった。

マッキンゼーには「McKinsey³」という考え方がある。2000年ごろに発案されたもので、クライアントにマッキンゼーの3乗の力をフル活用してベストな成果を提供しようというものだ。

3乗の一つは、「直接そのクライアントに対する仕事を担当しているマッキンゼーのチーム」で、当然ながら誰よりもクライアントの状況や課題を理解している。

もう一つはマッキンゼーがグローバルに組織している「産業別グループ」だ。小売業なら小売業、自動車なら自動車という産業別のグループが世界横断的に組成されており、「このプロジェクトは小売業グループの誰々に意見をもらおう」とレバレッジすることで、各事業におけるベストの知見を活用できる。

もう一つは「機能別グループ」だ。マーケティング、人材育成、組織改革、オペレーションといった機能別のグループが世界的にあり、産業別の知見と同様に活用できる。産業別、機能別のグループは、タテ軸とヨコ軸のような関係だ。

この三つのかけ合わせを「McKinsey³」として有効に機能させ、ベストのコンサルティングを提供するという思想だ。クライアントへのサービスはこうしたかたちで行うべきというマッキンゼーの長年の理念であったものを、より明示的に徹底することにしたのだ。

この取り組みは、個々のクライアントプロジェクトにおいてベストな成果を生み出すことをより確実にしたことに加えて、異なるオフィス、異なる業界で働いているマッキンゼーの仲間の絆を強くしたし、個々の産業別・機能別のグループのレベルアップにも貢献した。

さらに、こうした働き方を繰り返し経験することを通じて、一人ひとりのコンサルタントがチームで働くスキルを磨くことにも大いに貢献した。

チームで働くと、多様な力の組み合わせで生産性が高まるし、メンバーの持つ知見が有機的に共有されて、チームメンバーが大きく成長できる。

また、その仕事に関係する人たちをチームメンバーとして最初から巻き込んでいれば、実効性も高まる。

一人で案を考えるのは一見ラクなようだが、多くの場合、答えに窮する事態に直面する。また、大きな仕事は、どこかのタイミングで必ず人を巻き込んだり、説得したりしなくてはいけないフェーズを迎える。そのときに、一人で進めるスタイルでは、急に動きが重くなる。

だがチームで議論しながら物事を進めていけば、最初から多角的な視点が共有されているし、あとから相手を巻き込んだり説得する必要がないので、結局はこちらのほうが早く高い成果にたどりつけるということになる。

62 チームの基本

「全員が向かう先」を明確に共有する

悪い努力＝自分のパートにだけ注力する

プロジェクトチームは、期間限定で一つの目的を達成するために設定されるのが理想的だ。

しかし多くのケースで、チームの目的が一つになっていないのが現実だ。いくつかの目的が入り込んでしまうのだ。

ピラミッド型組織の場合は継続性が大切だから、「取り組みの成果を示すために、とにかく業績を上げよう」とある取り組みの目標を設定しても、先のことを考えて、ときにはそうした戦略的な取り組みを中断して短期的なルーティン業務を優先することもあれば、同時に若手の育成を図ることもあるだろう。

だが、本来、プロジェクトチームは違う。これは一定期間、ある目的に特化するための組織であり、通常の部門と同じやり方では効果が最大化しない。

しかし、これはよくあるケースだが、メンバーがチームに「各部門の都合」を持ち込んでしまうと、プロジェクトチームとしてうまく機能しないことになる。

プロジェクトチームには社内のさまざまな部門からメンバーが参加することになるが、それぞれのメンバーが「うちの部門が損をしないように」と気をつかうということがよくあるのだ。

これが先にも触れた「ヒドゥンアジェンダ（隠れた動機）」となってしまう。

こうなるとチームは複数の目的の集合体となってしまい、うまく機能しなくなる。

こうしたヒドゥンアジェンダへの対応は簡単なことではない。ある意味で、本籍を持つ組織人としては当然の行動だからだ。

それでも、いくつかのことを組み合わせることで、その影響をグンと引き下げることはできる。

「各メンバーの本籍の上司や責任者から、プロジェクト期間中はチームの一員としてプロジェクト目的だけに注力するよう明言してもらう」

「チーム内での議論や発言はチーム内にとどめるというガイドラインを明示的に約束する」

「どうしてもプロジェクト目的と利害が衝突するようなヒドゥンアジェンダがあるメンバーは、それを内密に打ち明けられる仕組みをつくる」

などなどだ。

プロジェクトチームは一つの目的を目指すといっても、そのために仕事を分解し分担することになる。

新しいゲームの開発が目的でも、キャラクターデザインを請け負う人もいれば、マーケティング面での仕掛けを検討する人もいるなど、まったく違う分野で動くことになる。

オーケストラが一曲を演奏するように、部分部分を各チームメンバーが担うのだ。

自分のパートだけをひたすら練習していて、オーケストラとしての音のまとまりや旋律《せんりつ》が見えなくなってしまうメンバーがいたら、全体の質が低下するとともに、そのメンバーのモラルや集中度も下がってしまうだろう。

そういう人には、オーケストラとしての演奏を聞かせ、曲の全体像を理解してもらうとともに、その人のパートがどのような役割やインパクトを持っているかを伝えることがリーダーの役目として重要になる。

できればそうなる前に、つまり役割分担を決める最初の段階で、「あなたの仕事によって何が起こって、それが全体の仕事にどう貢献して目標達成につながるか」ということをしっかりと共有しておくべきだ。

全体の楽曲が見えずに動いていると、「何のためにこんなことをやっているんだろう？

意味があるのだろうか？」という疑問が湧いてくるし、そうした不安を解決するために自分なりの勝手な目的をつくってしまうこともある。あるいは、「やれと言われたからやっている」という態度になってしまうこともあり得るだろう。

また、それぞれのチームメンバーが担っている部分について、全員が理解を共有することも大切だ。「自分一人がいくら頑張っても、目標とする売上は実現できない。そこでAさんには、こんな取り組みをしてもらっている」と最初の段階で確認しておきたい。

さらに、「自分とAさんとBさんの取り組みをあわせて、こういう変化が起きれば、売上や利益が伸びて、○○地区の販売強化というプロジェクトチームの目的は達成されるはずだ」という全体の設計図もいちばん最初に共有する。

設計図をつくり、説明し、共有するのはリーダーの役割だが、残念ながらリーダーにこうした働きが期待できなければ、メンバー一人ひとりが、「私がやっている部分は、こういうかたちで全体像につながるのでしょうか？」と尋ね、確認し合うことが望ましい。

独り合点で動いたら、たいていはうまくいかないし、チームでやっている意味がなくなってしまう。

63 チームの基本

「フラットな関係」で働く

悪い努力＝チームを「ピラミッド式」で動かす

どの会社にもプロジェクトやタスクフォースなどのチームはたくさん存在する。しかし、その大半は期待通りの成果をあげていないのではないだろうか。

その最大の理由は、メンバーがチームとしての活動に慣れていないからだ。

前述したように、チームの働き方は、日頃働いているピラミッド型の組織とは違う。だからこそ、まず求められるのはマインドセットを切り替えることだ。

慣れの問題なのだから、数をこなすことも重要だ。

プロジェクトチームやタスクフォースに配置されたときに限らず、自分が関連する仕事に積極的にチームアプローチを導入していくのがいい。

「自分から率先してチームを組成するのはハードルが高い」

「他部門のあまり親しくないメンバーに声をかけるのは気が引ける」

という気持ちはよくわかる。

しかし、たとえばもしあなたが市役所で町興しの責任者に任命されて、その取り組みが過疎《かそ》に悩む自分の市の将来を決める重要なものだとすれば、ためらいや遠慮を超えて、最善の知恵を借りるために、知己のない地銀の役員を訪問したり、商店街の会長に協力を仰ぐなど、ベストを尽くすことに専念するのではないだろうか。

一人で努力しても成果には限界があるし、無理やムダも多くなりがちだ。チームを活用して初めて「質の高い仕事」を「数多く進める」ということが両立する。最もいい努力をするには、人とともに動くことが必要なのだ。

「成果を出すにはチームとしての協働が不可欠だ」と自分に言い聞かせ、マインドセットと行動を変えていこう。

また、「チームをつくろう」というとき、後輩や部下にだけ声をかけてはいけない。

自分より職位の低い人だけを集め、自分が自然にリーダーとして指示を出し判断するというスタイルは、本当の意味でのチームとはいえない。

チームはピラミッド型組織ではないのだから、フラットであることが原則だ。

後輩や部下を入れてもいいが、チームの中でフラットに発言し合える関係にする必要がある。

だが同僚や先輩、まして上司を巻き込むのは、声をかけるほうもかけられるほうも心理的な抵抗があるだろう。

また、違う部署の人を巻き込もうとしたら、「その仕事を手伝って、こっちになんのメリットがある？」という反応になるかもしれない。

であれば、「自分はこれを担当してこんな貢献をする」「あなたの部門にはこんなメリットがある」などということをはっきり伝えることだ。

また、先にレバレッジのところでも話したが、人に助力を頼みたければ、つねに頼まれやすい人でいなくてはならない。

人と協力し合って成果を最大化していくためには、人を活用すると同時に自分も活用されるという関係を築く必要がある。人を巻き込むには、「相互にレバレッジし合う」というマインドセットが欠かせないのだ。

64 チームの基本

「ノーム」と「活動プラン」を書き出す

悪い努力＝「暗黙の了解」で仕事を進める

ノーム（norm）とは、チームでいい努力をするためのツールだ。

辞書的にいえば「norm：規範」であり、ルールとは少しニュアンスが違う。

ルールは「あれをしてはいけない、これをしろ」という規則のようなイメージがあるが、ノームはお互いが大前提として守る倫理観に近い。

また、チームの活動目的とはまったく別のもので、目的とは関係なく定める部分もあるだろう。

「社内のＩＴシステムを改革する」「定番商品のテコ入れをする」といったものが目的。

「ヒドゥンアジェンダを持ち込まない」「隠しごとをせず、つねに情報をオープンに共有する」「ヒエラルキーにかかわりなく議論する」といったことがノームだ。ノームはルールより自発的とも言える。

新しいプロジェクトを始動する際などは、プロジェクトチームのノームを話し合い、書き出しておくといいだろう。

目的については、境界条件などと一緒に「活動プラン」として書き出すといい。

チームの「目的」と「期待する成果」を具体的に確認し、そのために「どう行動していくのか」が活動プランだ。

スケジュールも役割分担もそこに含まれる。

「チームとしてどのような領域を検討するのか」「それをメンバー間でどう分担するのか」「チームのミーティングは週1回か2回か」……チーム活動の詳細について、最初から想定できることを全部出し切って明確にしておくのだ。

ノームと活動プラン、この二つはチームでいい努力をするために欠かせないツールだ。

どちらも、議論しながら全員で決めてもいいし、リーダーがつくって他のメンバーに提案してもいい。

大切なのは、とにかく明確にし、全員で共有すること。そのためにはやはり、書き出すことがいちばんだ。

65 リーダーシップ

「権威以外」のもので人を導く

悪い努力＝肩書きで人をしたがわせる

マッキンゼーのロンドンオフィスで勤務していたころ、パートナーが集まってリーダーシップの研修をしたことがある。

そのとき、リーダーシップを専門とする大学教授に来てもらったのだが、彼の言ったリーダーシップの定義が印象深かった。

それによると、リーダーであるためには三つの要件が必要だという。

第一に、「新しいことを考え、行動する」。

第二に、「自分から考え、自分の意志で動きはじめる」。

第三に、「まわりの人たちが、その活動を支持し、巻き込まれていく」。

「これをやろう」と言って真っ先に動き、仲間を巻き込んだとしても、いままでやっていたことの繰り返しにすぎなかったら、それはリーダーとは言えない。

新しいことを始めたとしても、上からやれと言われて動いたのであれば、それもリーダーとは言わない。

新しいことを自分で考え、真っ先に動いたとしても、誰も巻き込めなければリーダーにはなれない。

だからリーダーになったときは、「新しいことを目指し、自分から率先して動き出し、人を巻き込む」ことを意識することだ。役割上はリーダーでも、もたもたとして自分から動かなければリーダーシップは発揮できない。一方、誰にリーダーと任命されたわけでなくとも、これらを実行している人は自然とリーダーとして認められる。


また、リーダーシップには「lead X with Y」という方程式がある。「YをもってXをリードする」という意味だ。Xにはチームや人などが当てはまるが、必ずしもそれだけではない。たとえば、「新製品の導入プランは、きみがリードして進めてほしい」というシチュエーションもあるだろう。課題やプランなどもリードする対象としてあり得るのだ。

そして何によってリードするのかというのがYの部分だ。これもいろいろあるが、権威や肩書きだけがこのYに入るようではいいリーダーシップは発揮できない。

「私は広報部長だから、広報活動については私の言うことを聞くように」というだけでは説得力がない。真のリーダーは権威や肩書きではなく、知恵や知識、スキル、クリエイティビティ、ビジョン、先見性、情熱、人柄など、さまざまなYによってリーダーシップを発揮する。「この人はすごい」と一目置かれるものがあることが求められるということだ。

自分がリーダーになった、あるいは自分がリーダーになりたいと思ったら、自分のYは何かを考えよう。

このYは一つから始め、徐々に増やしていけたら望ましい。

まず、どんな仕事をやっても自分の得意はこれだという「自分の型」をつくる。

そのうえで自分のYを広げていき、「この仕事をリードするには、これがポイントだ」という「その場や機会に応じたY」も使えるようになったら、リーダーシップはより強力かつ効果的になる。

得意の型を見つけるには自分の仕事のスタイルを考えるといい。自分は「先見性」で人をリードすることができるのか、あるいは「知識」か、「行動力」か、自分が得意としているものを伸ばすべきだ。

「機会に応じたY」を考えるにはそのチームの特性やプロジェクトの目的など、リードする対象の性質をよく見極める。このチームにはモチベーションが足りないと思えば、そのモチベーションを上げる「情熱」をもう一つのYにするといった感じだ。

その二つに加えて権威や肩書きがあればいちばんスムースにリードすることができるだろう。だが、二つのYがあれば、とくに誰がリーダーだと決められていない状況でもリーダーシップを発揮することができるはずだ。

権威に頼らずにリーダーシップを発揮することに慣れれば、いつでもどこでもリーダーになることができる。ＮＰＯや自治会などもともとヒエラルキーがないようなところだと、いくつかのＹを持った人が自然とリーダーになる。

こうした自然発生的なリーダーは必ずしも一人である必要はなく、「あの部分は彼女がリードするが、この部分は私がリードする」というように、お互いがリーダーになる関係が理想だ。

たとえばサッカーのチームでは、戦況を見てどうボールを回すかはゲームメーカーがリードするが、いい球をセンタリングして得点機会をつくる部分はサイドバック、実際に点を入れる部分はストライカーがリードする。

こうして複数のリーダーシップが並存し、「勝利」という成果のために、リードしたりされたりしていい努力を重ねていく。ここには、誰が偉いというヒエラルキーは存在しない。

ポジションとしてのリーダーは存在するが、チームの一人ひとりが必要に応じてリーダーになれる資質を持っている集団がいちばん強い。いい努力ができるドリームチームだ。

66 リーダーシップ

大事なことは初動から「ハンズオン」で取り組む

悪い努力＝あとから本腰を入れて関わっていく

生産性の高いリーダーはみな「ハンズオン」で仕事にあたる。つまり、自ら手を動かして、積極的に現場の仕事に関わっていく。

これは、たとえ経営トップであってもそうだ。

新しい世代のプロフェッショナル経営者を見ていると、多くの経営トップがハンズオンで仕事にあたっている。タイプはさまざまで、業界も経歴も違うが、自らアイデアを出し、行動し、働きかける〝動き回る社長〟が大きな成果を出している。

優れた創業者も自ら動く。

創業当初は自分でやるしかなかっただろうが、大企業になっても革張りの椅子にどっしり座り込んだりしていない。

こうした人たちと対照的に、座って報告を待つ〝受けて応えるリーダー〟もいる。部下にお任せでスタートしたわりに、あとから「そこまで変えるのはまずいんじゃない？」と引っくり返す上司もいる。

人間は経験と年齢を重ねると放っておいても受けて応えるようになりがちだから、あなたがいま、若手のリーダーであれば、仕事のすべてのステップにハンズオンで取り組むことを意識すべきだ。


ハンズオンは、「最初から最後まで徹底的に管理する」というマイクロマネジメントとは違う。

「ここぞ」という大事なことを自らやるのだ。

先にフロントローディングの話をしたが、仕事は立ち上げのときにいかに面倒な仕事をしてしまうかが勝負だ。リーダーは、そこで自らハンズオンで道筋をつけていかなければならない。

最も大事で、最も頭と気をつかう仕事はつねにリーダーが直接行うという覚悟を持つべきだ。

自分がやることはその仕事の「核心部分」であり、人に頼むことは「それぞれの相手が得意なこと」という組み合わせが望ましい。

67 議論と会議

すべての会議を「有意義な時間」に変える

悪い努力＝会議を「余計な手続き」として捉える

チームでも通常のピラミッド型組織でも、複数名で協力していい努力をするのに会議やミーティングは不可欠だ。

これは組織として議論する、何かを決定するという実務面でも大切なものだし、副産物として、会議は自分の仕事に対するチェック機能を果たす。

「3日後に会議がある」となれば、そこで議論するにはどういう情報があればいいのか、どんなアイデアを提案したいのか整理することになる。

いままでやってきたことを振り返って紙に落として準備すると、「あれ、これが抜けているな」と気づいたりする。

自分たちが夢中でやってきたことが、目的に向かってどの程度進んでいるのか、どの程度の成果を手にしているのか、進捗状況も確認できる。

とくに自部門や自分のチーム以外の人、たとえば役員や他部門のリーダーなどを巻き込んでの会議は、どれだけ自分たちの進めていることがチーム外で通用するかを試す、他流試合に出るようなものだ。

状況を詳しくはわかっていない人にもわかるように説明するために、やってきたことを再整理し、自分たちが提案したいことの論旨や論拠も明確にすることになる。こうした整理を紙に落とせば曖昧さがなくなるし、考えも深まるだろう。

「再来週の水曜に大きな会議があるから、それに向けて提案内容を集約していかないと」となるわけだ。このように、会議はプロジェクトなどのマイルストーンにもなる。

週一回のチームミーティングでも、月一回の大型の会議でも、それを一つの区切りとして、それまでにどこまで仕事を進めるか、自分たちなりのテンポをつくっていけばいい。

会議は自分の意思に関係なくセッティングされることも多い。「ああ、面倒だ」と思うものもあるかもしれないが、会議も使いようだと意識を転換しよう。

あまり生産的でない定例の報告会なども、仕事を定期的に整理させてくれる「健康診断」だと捉えることができる。どうせ参加するからには、能動的に活用すべきだ。

68 議論と会議

コミットメントの低いメンバーを「戦力化」する

悪い努力＝やる気のないメンバーは切り捨てる

会議は、メンバー一人ひとりがそのテーマにコミットしているかどうかを見極める場にもなる。

会議に参加すること自体がコミットメントであるし、その場での集中度や熱心さ、発言や態度に、一人ひとりのコミットメントが表れる。

社長直々に発足させた全社的な重要プロジェクトだという前評判の取り組みでも、そのキックオフミーティングに社長が参加しなかったり、挨拶が原稿の読み上げであれば、参加メンバーは「アレッ？」という気持ちになるだろう。

ゆるやかにつくられたプロジェクトチームなら、チームメンバーでいつも会議に出てくる人と、「今日はちょっと」とたびたび欠席する人がいるだろう。

それはプロジェクトに対するコミットメントの度合いを表していることが多い。

「Aさんはコミットメントが低いな」と状況を把握することが大切だ。次に、「なぜ低いんだろう？」と考えるが、さまざまな理由があり得る。

たんに忙しい。もっと重要なことがある。ヒドゥンアジェンダがある。「協力しろ」と言われたからメンバーになったが、じつは意味がないと思っている、などなど。

案外、見逃してしまう理由は、「わからないからコミットしない」というものだ。

人間は理解できないものにはコミットしないものだが、「知識もないし、わからないから会議に出ても議論に参加できない」と素直に告白する人は少ない。

たとえば情報システムの改革を目的としたプロジェクトチームが会議をするとして、「チームに入ってしまったが、情報システムの基本すらわかっていない」という人はだんだん参加しなくなる。欠席がちになったり、出席しても議論が十分に理解できないから発言もしない。

プロジェクトによってはモチベーションが低い人は相手にしないという選択肢もあり得るだろうが、問題となっている部分を解決すれば大きな力になってくれる可能性もある。だからそういう人がいる場合、「まずはコミットメントが低い理由を聞いてみる」というのがいい努力だ。

理由さえわかれば、打ち手を考えることができるはずだ。

69 議論と会議

議論は「紛糾」しなければならない

悪い努力＝すんなり提案を通すことに尽力する

最終案の承認を得るケースを除いて、会議において、提案はあくまでも議論の土台となる案にすぎない。徹底して話し合い、会議が終わるころに提案が進化していれば、大きな成果を得たと考えてほしい。

会議とは意見を出し合う場だ。複数のメンバー間で意見がぴったり一致するはずがないのに、人はなぜか会議が紛糾《ふんきゅう》することを恐れる。昔の株主総会のように、ちょっと質問が出てそれにスムースに答え、「じゃ、全員賛成ということで」と拍手で終わるのがいちばんだと考えてしまう。

自分が時間をかけ、さまざまな人を巻き込んでつくった提案であれば、みんなから賛成してもらいたいのが人情だから、紛糾したくないというのもわかる。しかし、すんなり受け入れられるのであれば、そもそも会議はいらなかったということになる。だから、会議をするのであれば、紛糾したほうがいい。

大筋は提案どおりに了承される場合でも、議論することで小さな抜けや漏れに気づき、実行前にカバーしておけるかもしれない。また、会議が紛糾して参加者が当事者意識をもって検討することで、その案が参加者の中に刷り込まれていくというメリットもある。最終的には提案したままのかたちで案が通っても、議論し、練り込んでいく過程で、提案の内容が参加した人たちの頭と心のなかに落ちるのだ。

会議が紛糾するのは、提案に付加価値がつくことだ。紛糾せずに提案が通ったら、会議の時間をかけたわりに成果はゼロだったという見方もできる。

コンサルタント時代の最後の10年、クライアントへの報告会でプロジェクトの検討結果を提案し、とくに大した議論もなく終わると、私は満足ではなく、物足りなさと疑念を感じた。

「クライアントメンバーとコンサルタント合計10名余りが2か月かけてつくりあげた提案が、2時間の説明で十分に理解されたのだろうか」「スーッと通ったということは、きちんと伝わっていないのではないか」とも感じたし、「もめなかったということは、目新しさが不足していたのではないか」と心配だった。

議論がないところには進化がない。いい議論をすれば、必ず進化が起きるはずだ。

会議でいくらもめても、結局は結論が出なくても、締めくくり方を前向きなものにすれば、もっといい成果を出すための次の活動と会議につなげることができる。

70 議論と会議

「どんな変化が起こるのか」まで突き詰める

悪い努力＝具体的な行動が見えない提案にとどまる

問題解決をするための会議で、話し合い、解決策を出しているように見えて、じつはあまりいい努力にはなっていないケースも多い。

たとえば「なぜ最近、九州地方の売上が下がり、赤字続きか」という問題があり、プロジェクトチームが立ち上がった。チームは「九州地方の売上を立て直す」ために多面的に検討し、会議で提案することになったとする。

意味のない提案の例その一は、一般論に言い換えること。

「九州を立て直すには、担当部門の組織力を上げる必要があります」というのは、正しいようでいて、当たり前の話だ。いつでもどこにでもあてはまる一般論を言うだけでは意味がない。

意味のない提案の例その二は、すでに見えている問題を細かく分けただけのもの。

たとえば、「新規顧客の開拓を強化し、既存主要顧客内のシェア向上に努める」という提案は、これだけだと意味がない。「売上が下がっている」という問題点を「新規客が少ない、既存客に負けている」という問題点に分けただけだ。

このこと自体はいくら説得力をもって言われても、それはそうだが……という感想しか出てこない。新規開拓を強化するには具体的に何をすべきか、主要顧客内のシェアを上げるにはどうすべきかまでを考えるのが提案だ。

意味のない提案の例その三は、目的を詰めていないもの。

いい努力をするには目的を明確に理解することが必要だということを再三述べているが、それはここでも同じだ。「九州地方の売上を立て直す」というのはどのレベルのものなのか。今年中にV字回復したほうがいいのか、5年スパンで考えるのか、立て直すというのは利益を金額ベースでどれくらいにすることなのか、そういった前提を確認せずになされた提案は意味がない。

いい提案をするには、次の三点を押さえておきたい。

いい提案の条件その一は、「アクショナブル」。つまり行動につながること。

「九州を立て直すには、各営業所に規律を持ったリーダーを配置して、営業部全体の生産性を底上げしよう」という提案であれば、「じゃあ、まずは営業のリーダーの人事異動だな」というアクションにつながる。

「賛成！」となったとき、それを受けて何をするかが具体的に見えてこそ、いい提案だ。逆に言えば、提案自体が考え込まれていれば、自ずと次のアクションも明らかになっているものだ。

いい提案の条件その二は、「状況スペシフィック」であること。つまり、固有の状況に対応した具体的な内容だということだ。

「九州を立て直すには、地元で勢いがいい小売りチェーンA社と販売契約を結ぶべきだ」という提案であれば、現時点の九州地区に特化されたものになっている。「九州地区において、小売りチェーンの勢力図が変わってきた」といういまの状況に即した固有の提案だから、具体的で、効果が想定しやすい。

スペシフィックな提案をするには、主語に即して考えること。一般論の正解ではなく、「わが社が」、あるいは「九州支社が」どうなるかを考える。

そして、それは「今年の話」か、「来年の話」か、「来月の話」かなど、タイミングも具体的に意識して考える。

いい提案の条件その三は、「ビフォー&アフターの変化が見えること」だ。

すべての提案は、「組織がよくなる」「業績が伸びる」「顧客が増える」「ブランドイメージが上がる」など、なんらかの変化、それも「いい結果」を目指してなされるべきだ。

その結果までの「道筋」が見えなくては、いい提案とはいえない。

変化というものは一足飛びではない。

ボウリングでいうと、ストライクを狙うとしても、そのためには、「どこに立ち、どの角度で投げ、どのスパット（レーンの途中の印）を通ると1番ピンに当たるからストライクを狙える」というイメージを持って投げてこそ、成功率は上がる。

つまり、その提案によってどういう変化が起こるから、最終的に「いい結果」につながるということがクリアになっていなくてはいけない。

提案に対して「それをやったらどういう変化が起こるのか？」というのは、提案の質を見極める質問になる。

「こういう変化が起こる」という答えが出てきたら、「その変化がどうして業績向上につながるのか？」と聞いて、結果への道筋を確かめていく。

ここで「うっ」と詰まるようであれば、その提案の質は高くない。

人の提案に対してこの質問をすれば、提案の精度を高めていくことができるし、自分で提案をする前に自問自答すれば、自分の提案がいい提案になっているかどうか、自分でチェックできる。

71　議論と会議

「みんなの力」で議論を進化させる

悪い努力＝賛否を判断するだけの会議にしてしまう

チームをつくって議論をするとき、若手であればあるほどオープンに話し合える。

部門にかかわりなくつくった「入社1年目の新人研修グループ」と「役員による経営戦略を討議するチーム」があったら、オープンに話し合えるのは新人グループだ。

協働で物事を議論したり解決したりするのが苦手な上位者は非常に多い。

なぜなら、ほぼすべての仕事においてヒエラルキーが存在する環境で何十年も仕事をしていると、ヒエラルキーや肩書きに従って仕切るか仕切られるかに慣れてしまうからだ。

また、私が見てきた限り、会議が一つの提案に対して「いいか、悪いか」の審議となってしまうことも多い。

「承認するか、しないか」「ここはいいけれど、この部分は差し戻し」くらいで、結論にバリエーションがない。

一つの提案をもとにチームとして議論し、よりよいアイデアをつくりあげていくというやり方に慣れていないのだろう。

とくに、強い権限を持ち、何でも自分で決定するリーダーがいるとこの傾向は強まる。決定権がある人ばかりが発言したり、人の意見に対して「いや、そうではなくて」と自分の意見を押しつけるようなら、活発な議論によって提案が進化していくことは難しい。こうして多くの、議論なき会議が存在している。


アイデアを進化させていく議論を生む一つのコツは、優れたファシリテーターを活用することだ。

ファシリテーターは目的に沿って有益な議論を促し、個々の意見の意味合いを解釈、整理などして議論の結果をかたちづくる役割だ。ファシリテーターのスキルしだいで会議の生産性が大きく左右される。

いいファシリテーターは、誰かの意見と同じ意見をくどくど言う人がいたら、切り上げるように促す。

また、一見、関係のなさそうな意見も切り捨てることなく、議論に対する意味合いを引き出すようにサポートしたりする。ピントがずれているようで部分的には面白いという意見がじつは新しい切り口を生み出すこともある。

いい意見なのにうまく説明できない人がいれば、「つまりこういう意味ですよね」とその人の考えを整理したり広げてあげる。どんな意見にも意味があると考え、すべてを有用に生かせるのは優れたファシリテーションだ。

ただの司会とファシリテーターの違いは、アナウンサーとキャスターのようなものだと言ったら、その違いが伝わるだろうか。

アナウンサーは段取り通りに話をつつがなく進める役。

一方、優れたキャスターは、メインのコメンテーターたちからうまく意見を引き出し、重要なポイントを深掘りするために短い質問を発したり、議論が複雑になってきたらいったんそれを止めて整理するなど、生産性が高い議論を生み出すプロデューサーや監督の役も務める。

だが、ほとんどの場合、会議で司会を決めることはあってもファシリテーター役を意識的につくることはない。

すると、自然と役職が上の人間がファシリテーター的な役をやることになる。

「これはどうなっている?」「つまり、こういうこと?」と話を進めていくわけだが、自分の意見で押し切り、議論のチャンスをつぶしてしまう人も少なくない。

これでは議論の活性化につながらない。ファシリテーターは基本的に自分の意見を押しつけてはいけないのだ。

ファシリテーターは、自分は議論を広げる役だと自覚していなければならない。自分の意見を推したいのであれば、他の人にファシリテーターを頼めばよい。

だが若手がファシリテーター的なことをすると、なにを仕切ってるんだ、と反発する上司もいるだろう。こういう空気があると、役職が上位の人以外はファシリテーターをやりにくい。

ファシリテーターを立てて活発な議論を目指すには、ファシリテーター役を明示的に決める必要がある。

また、ファシリテーションはもともとの得意、不得意に左右されるうえ、ある程度慣れていないと難しいので、場合によっては他部門のファシリテーションが上手い人に頼むのも手だ。部外の適任者をレバレッジするのだ。

会議の設計について口を出せるような環境でない場合は、できる範囲で、自分からファシリテーター的なまとめや整理をしていくことで会議に貢献するという手もある。

「Aさんの意見は私の意見と違いますが、この点では共通しています」など、自分の意見と他の意見のあいだにブリッジをつくる。自らが発言者でなくても、「いまのこの意見とこの意見は、こうつながりますよね」などと助け舟を出してもいい。

大きな会議ではやりにくいかもしれないが、チームミーティングなどでは、こうして議論のレベルを上げていくことにトライしていただきたい。

72 議論と会議

間違っていても「ユニークなこと」を発言する

悪い努力＝間違うことを恐れて「人と同じこと」を発言する

会議では、「発言しないのは出席していないのと同じ」と考えるべきだ。

何も言わずに座っているだけでは議論にまったく貢献していないので、その時間、何の価値も生んでいない。

それならば、他の何らかか貢献できる仕事をしていたほうがよい。

一方で、「何でもいいからとにかく発言する」というのも間違いだ。

発言には、「正しいこと」と「正しくないこと」、「ユニークなこと」と「ユニークでないこと」がある。

一番価値が高いのは当然、「ユニークで正しいこと」だ。

では、二番目はなんだろう？

「正しくてユニークでないこと」と思うだろうか？

私は二番目にいいのは「正しくなくてもユニークなこと」だと思う。

人と同じ意見は、いくらそれが正しくても、議論に付加価値をもたらさない。

一方で「正しくなくてもユニークなこと」を発信すれば、議論に別の角度からの見方も加わり、そのうえで「やっぱりこれまでの議論が正しい」と確認できるかもしれない。あるいは「そういう見方もあるのか。その方向でもっと議論してみよう」という転換を生み出すかもしれない。これまでの議論の漏れや気づいていなかった問題点が見つかるかもしれない。

発言しない人の心理には、「おかしなことを言いたくない」「間違ったら恥ずかしい」という恐れがあるのだろうが、ユニークであれば価値はあるのだ。

持ち寄りの鍋パーティをやると想像してみてほしい。

寄せ鍋をみんなでやるから、一人一つ、材料を買ってくる。主催者は鍋と出汁《だし》を、どんな材料を入れてもいいようにセッティングする。

お金がある人は肉を買ってくる。近所に評判の豆腐屋がある人は、豆腐を買ってくるだろう。トマトを買ってきたら違和感があるかもしれないが、「意外とトマト鍋もうまいな」となるかもしれない。

セロリを買ってきたら全然合わなくて、「セロリは違うだろう」という話になるかもしれないが、「なぜセロリがダメなのか？」と考えるきっかけにはなるし、セロリ抜きの鍋の正しさを確認できるかもしれない。あるいは、薬味には使えるかもしれない。少なくとも、評判の豆腐がすでにあるのに、まああの味の豆腐をさらに一丁、二丁持ってくる人よりも価値は高い。

会議もこれと同じで、それぞれの人が持ち寄った材料で一つのいいものをつくりあげるわけだから、それぞれの持ち寄ったものがユニークであることに価値がある。

また、会議では、すべての発言に反応する必要はない。黙ってうなずき、「そうですね」と聞いているだけでいいときもある。

正しい提案に追随して「おっしゃるとおりです」「私もそう思います」などと繰り返すのは、「正しくてユニークでない」発言だ。

「おっしゃるとおり」なら、言う必要がない。余計な発言をして会議の時間を引き延ばすべきではない。

いくら正しくても、豆腐と同様、同じものは二つも三つも必要ない。

そして自分の提案についての反論が出ても、すべてに反応する必要はない。

無傷で意見を通したいと思うのが人の常だろうし、自分の考えには愛着があるから、意見が否定されると自分が否定されたように感じるものだ。提案者になるとなおさらだ。記者会見の席でフラッシュを浴びているかのように、テンションが上がってしまうかもしれない。

だが、大局に影響するかどうかを見極めて、「細かい話はそのまま流してもいい」くらいの気持ちでいることだ。本質に関わらないところで、細かな「正しいこと」を執拗に主張してもいいことはない。

たとえば、自分の提案の論拠の一つとなっている定量分析データにケチがつけられたとしても、そのデータの数値によって結論が変わったり、自分の分析の精度自体が疑問視されているのでなければ、聞いておくだけが得策な場合が多い。

反論者が関連情報を誤解しているケースでも、その情報が結論を左右するものでない限り、正面切って指摘することは議論の流れをおかしな方向に導く可能性がある。

そこに感情的な対立が混じってくると、その些細《ささい》な認識のズレのために全体が要再考、要再提案というムダな結末を招く危険すらある。

73 議論と会議

「結論」をはっきりさせる

悪い努力＝結論を確認、共有しない

目的が明確で、オープンで活発な議論が行われても、結論がはっきりしなくてはいい会議とはならない。準備と会議に費やしたエネルギーと時間が十分な価値を生まなくなってしまう。

だが、「素晴らしい案だ」で全員が明確に賛意を示す場合は別として、会議が紛糾した場合など、結論が曖昧なまま会議が終わることは少なくない。会議をしているうちに、何が決まって、何が決まっていないのかがぼやけてしまうのだ。

答えが出たような出なかったような、さらに曖昧な終わり方をする会議もある。ある人は「仕切り直しだよね」と思い、ある人は「各自の判断で進めるんだよね」となり、参加者によって受け止め方が違うのだ。

結論をはっきりと整理していなければ、提案者が再提案の準備をする際も、実際に会議で再提案をするときにもムダが出る。次の会議で、「また、AとBについての提案ですか？　その議論は前回終わったのでは？」「いきなりCとDの話からですか？　AとBの話が決着していなかったと思いますが？」といったことになるわけだ。

結論が曖昧だと会議はいつまでも繰り返され、みんな「会議が多くて肝心の仕事ができない」「同じ案件で何度も集まっている」というイライラが募《つの》る。意思決定のスピードが遅くなるし、実行までの時間も長くなる。直線的で生産性の高いことをしようと思っても、曖昧な結論はそれを許さない。

リーダーやファシリテーターは、自分ではわかっているつもりでも、必ず議論の最後に参加者全員にわかるように結論を整理するべきだ。

「提案のうち、AとBについては承認ですが、C、D、E、Fは再提案ということです ね」「CとFはさらにリサーチをして、この観点から再検討してください」と決定したことをシンプルに並べるのだ。

誰もまとめてくれなくて、自分が整理するのはさしでがましいということもあるかもしれない。それでも少なくとも自分の提案については必ず会議の最後に、「今日の提案のここはOKで、ここはAとBについて深掘りして再提案ですね」などと確認してほしい。

会議が終わった後に個人的に確認する人もいるが、複数で議論してコンセンサスを得るために会議をしているのだから、会議の中で確認すべきだ。

74 議論と会議

議事録で「次の行動」をつくる

悪い努力＝「べた起こし」で記録をつくる

議事録は、会議を悪い努力にしないための重要なツールだ。

あなたの会社では、誰が、どんな議事録をつくっているだろうか？

座談会の原稿をつくるわけではないのだから、誰が何を話したかの詳細は不要だ。すべての発言を網羅した議事録は、手間だけかかった悪い努力の産物にほかならない。

しかし、実際には多くの会社で事細かでメカニカルな議事録がつくられており、配られた人の大半は十分に目を通していないのではないか。たとえきちんと目を通したとしても、すべてが細かく記されていたら、何が要点だったのか頭に残らない。

議事録の作成者はたいてい若手のスタッフで、「面倒な作業の一つ」と思っているかもしれない。「精緻な記録づくり」という意識で議事録をつくっている時間は当人にとっても時間と労力のムダとなる。

議事録は、会議で決定したことを確認し、「次の行動」をつくるツールであるべきだ。議事録をつくる際は会議全体を洞察し、重要な発言のエッセンスを抜き出して記録する。最も大事なことは「決定したこと」と「しなかったこと」だ。これは必ず明快にわかりやすく記載する。さらに、何についてどういう追加検討をする必要があるかなど、「次のアクションは何なのか」を明記する。また、会議によって浮かび上がってきた課題も明確に押さえる。そのうえで、議論の本筋とは関係がなくても何かのヒントになりそうな意見、情報、大事な指摘も簡潔にまとめる。

ポイントを絞った議事録をつくるにはスキルと訓練がいる。決定したことや課題を明記するにしても、参加者の意見や議論の焦点について解釈する必要があるので、理解力や洞察力も要求される。発言者の意見をそのまま記録するのではなく、簡潔にまとめると、「そんなつもりで言っていない」「自分の意図はこうじゃない」と発言者からクレームが出る可能性もある。

だが、簡潔に整理された議事録をつくることは、会議という努力を次の行動につなげるために必要ないい努力なのだ。

若手はどうしても上司や先輩に気を遣うから、議事録の内容を決めるのは上位の立場にいる人間であるべきだ。実際の作成作業は若手に任せるにしても、文責は上司が負わなくてはならない。

75 議論と会議

「変える」を重ねていく

悪い努力＝何の変化も起こさない

ビジネスにおける議論の結論は「次の行動」につながらなくてはいけない。

つまり、具体的でなければいけない。

「具体的に何をするのか」「何を変えるか」を決めない限り「議論をした」とは言えない。

一定時間会話しただけで、何らの変化も起こさないのであれば、それはただの雑談だ。

どういうことか。

たとえば、販促の施策《しさく》がうまくいかなくて、テコ入れのためにミーティングを持つことにしたとする。そのなかで最大の課題として「顧客の立場になって考えられていない」というものが見えてきた。

その際、結論が「もっとお客さまの立場になって考えよう」ではダメだということだ。

顧客の立場になって考えるには何をするのか、結論を出さなくてはいけない。

「では、来週のミーティングにはお客さまに参加してもらい、自社の販促案の評価を聞こう」

「来週は社内でのミーティングを中止して、各自お客さまのヒアリングに行こう」

「来週からは、ホワイトボードを二つに分けて使おう。個々の販促アイデアについて、右に『自分たちは○○を訴求したい』という意見を書いていき、左に『お客さまは××と受け止めるだろう』という想定を書いていく。それでつねに左右の相違を意識しながらアイデアを検討しよう」

など、何らかの「変化」をもたらす結論を出す。

もう一例挙げると、「チームの一体感がない」という課題について検討した際は、「もっと情報を共有しよう」という結論を出しても意味がない。

「チームミーティングの数を増やし、各回の最初の15分は情報共有に使おう」「リーダーだけが見ている資料を全員で回覧するようにしよう」など、目に見える具体的な策を結論にしなくてはならない。

こうした結論を記録し、皆で速やかに実行し、実際に変化を起こしていく。

このとき初めてその議論が「いい努力」だったということになるわけだ。

このステップを一つひとつ踏んでいくことで、個人も組織も着実に目的に近づいていくことができるのだ。

おわりに

生来、怠け者というか面倒くさがりだ。小学生のころは、大して怒られないので宿題はサボり気味だった。どうしてもやらなくてはいけないことは、なるべく速く済ませようとした。中高時代は、テストの答案を書き終えると、見直しというのをやったことがなかった。

社会人になってからは、もともと見栄っ張りな部分も手伝って、きちんと仕事をするようになった。が、面倒くさがりは変わらない。

そんな自分が、最初の勤めであった富士写真フイルム（当時）で海外企業の買収プロジェクトを担当したり、その後の職場として選んだマッキンゼーでは25年間にわたって毎日、プロジェクトワークが続いた。どちらも、一定期間ながら非常に大量かつ多様な仕事をこなしていかなければならなかった。

そうした30年間の中で、仕事の生産性を突き詰めるようになったのは、環境と生まれ持った性格の産物だと思う。

コンサルタントは、多くの他企業の中に入り込んで仕事をする。クライアントのオフィスで席を並べて働くことが日常だし、クライアントの社内会議に出席もする。

無意識のうちに異なる企業を比べてみると、ある会社で行っていることが違う会社ではまったく行われていないということが非常に多いことに気づく。

似たような案件を決めるのにも、同様の取り組みを進めるのにも、企業間でびっくりするほどスピードに差があることも感じる。効率や生産性の差は歴然だが、一方で、すべての面で「速い」という会社も存在しない。

多くの経営者の方々の考え方、働き方に接する機会も多かった。その中で、大きな成果を生み出している経営者は、才能や経験が豊かだというだけでなく、考え方や働き方が違うことを教えられた。


また、愚息が成長してきて、父親として叱ったり諭《さと》したりアドバイスしたりするようになった。「ちゃんと日々頑張れよ」「毎日コツコツ努力しろよ」などとも言う。その後で、心の中では、面倒くさがりで生きてきた我が身を振り返り、「(父さんも苦手だった努力を)どうせするのなら、より大きな成長に結びつく努力をしてほしい」と思う。

「いい努力」というものが存在する。それを目指すべきではないか。そのエッセンスは何だろうか。どうやって身につけるのか。ということを考え始めた背景、それをまとめてみようと思った理由は以上のことにあるようだ。

本書では仕事にまつわる「いい努力」について、心理的・物理的なセットアップの仕方から、思考法、時間管理法、行動法、チームの力の生かし方、リーダーシップ、会議術まで、これまでに取り組んだ多様な仕事や接してきた多くのリーダーから学んだことを75の項目にまとめた。

これは、限られた時間をよりダイナミックに使い、より豊かな成果を生み出していくためのスキルだ。仕事やそれ以外の活動において大きな成果と成長を手にしたいのであれば目指してほしい。

「いい努力」をすれば、仕事や時間に追われるのではなく、自分で自分の毎日をリードできるようになる。本書で得たものを、ぜひ自分が目指す毎日を築いていくのに活用してほしい。

最後に、本書の出版に関して多大なお力添えを頂いたダイヤモンド社の三浦岳さん、編集協力者の青木由美子さんにお礼を申し上げたい。

山梨広一

［著者］

山梨広一（やまなし・ひろかず）

1954年東京生まれ。東京大学経済学部卒業、スタンフォード大学経営大学院（経営学修士）修了。富士写真フイルムを経て、90年マッキンゼー・アンド・カンパニー入社。95年からパートナー、2003年からシニアパートナー。小売業、消費財メーカーおよびその他業界の企業の戦略構築や組織変革、マーケティング、オペレーション改革など、マッキンゼー日本支社において最も豊富なコンサルティング経験を有する。2010年から2014年まで、東京大学工学部大学院TMI（技術経営戦略学専攻）で「企業戦略論」の講座を指導、また同大EMPにて「消費論」の講義を行っている。2014年、マッキンゼー退社後、イオン株式会社執行役を経て特別顧問。2016年から株式会社LIXILグループ取締役。著書に『プロヴォカティブ・シンキング 面白がる思考』、『シンプルな戦略』（以上、東洋経済新報社）、『マッキンゼー プライシング』（共著）、『マーケティング・プロフェッショナリズム』（共著、以上ダイヤモンド社）、『ニューグロース戦略』（共著、NTT 出版）などがある。

マッキンゼーで25年にわたって
膨大な仕事をしてわかった

いい努力

2016年７月22日　第１刷発行
2016年８月３日　第２刷発行

著　者——山梨広一
発行所——ダイヤモンド社
〒150-8409　東京都渋谷区神宮前6-12-17
http://www.diamond.co.jp/
電話／03･5778･7232（編集）　03･5778･7240（販売）

装丁———— 水戸部功
本文デザイン—— 荒井雅美（トモエキコウ）
ＤＴＰ——— キャップス
校正———— 円水社
製作進行—— ダイヤモンド・グラフィック社
印刷———— 八光印刷（本文）・加藤文明社（カバー）
製本———— 加藤製本
編集協力—— 青木由美子
編集担当—— 三浦岳

ISBN 978-4-478-03958-8